人心自動
六祖慧能禪悟之路

林有能　著

商務印書館

人心自動 —— 六祖慧能禪悟之路

編　　著：林有能

責任編輯：洪子平

封面設計：張　毅

出　　版：商務印書館 (香港) 有限公司

香港筲箕灣耀興道 3 號東滙廣場 8 樓

http://www.commercialpress.com.hk

發　　行：香港聯合書刊物流有限公司

香港新界大埔汀麗路 36 號中華商務印刷大廈 3 字樓

印　　刷：陽光印刷製本廠有限公司

香港柴灣安業街 3 號新藝工業大廈 (6 字) 樓 G 及 H 座

版　　次：2012 年 3 月第 1 版第 1 次印刷

© 2012 商務印書館 (香港) 有限公司

ISBN 978 962 07 6478 3

Printed in Hong Kong

目　錄

前　言

　　近年來，筆者到各地宣講六祖慧能大師的生平和思想，在澳門《市民日報》開設專欄，連載六祖慧能大師的相關事蹟。這本小書就是在宣講和連載稿的基礎上整理而成。

　　面向大眾宣講，就要講得通俗易懂，讓聽眾能夠理解和接受；在報紙連載也是面向大眾，就要寫得通俗，有故事性，讓廣大讀者有興趣。這就碰到學術大眾化的問題。因為筆者雖是公務員，但主要從事社會科學的工作，也算是學術研究的一員，以往寫論文時，自覺或不自覺都會考慮學術規範的問題，現在卻要面向大眾，講寫要通俗，做起來卻相當吃力。原來，要寫好、講好通俗文章卻是一件很不容易的事。筆者就努力把學術規範和通俗易懂有機結合起來，儘管效果不一定很理想。所以，這本小書，既不像嚴肅的學術著作，但也有一些學術的問題；既不像一般的通俗文學讀物，但也有一些民間傳說和故事。當然，無論是學術問題還是民間傳說和故事，都不是毫無根據的胡編亂造。

　　讀了這本小書，如果您覺得對了解和認識六祖慧能大師有所幫助，我心裏會感到萬分的欣慰；如果您認為書中還欠缺了甚麼，或者存在哪些錯誤，也請您指出來，幫我補充和改正，我會萬分感激。

　　讓我們一起分享六祖慧能大師的智慧，按照六祖慧能大師的開示去做事和做人。

佛教傳入中國

儒、道、佛是我們平常所說的中國三大傳統宗教（儒教算不算一個宗教呢？我們一般說是儒學，這裏姑且也把它稱作宗教）。這三個宗教中，儒教和道教是我們中國本土的、原汁原味的宗教，是"土特產"。儒教是孔子、孟子的學說，道教是老子、莊子的理論。那麼佛教呢？它是一個外來的宗教，是"洋貨"，是古印度的一個宗教。

🗩 佛祖是誰？

佛祖是一個實實在在的歷史人物，不是虛構的神，按照佛教的說法，他是完全覺悟了的人。他的稱號很多，平時用得較多的是釋迦牟尼、佛陀、如來、世尊等。在漫長的歷史發展中，他被神秘化了，從人變成了神，所以，現在人們都把他當做神來供奉和崇拜，這是不對的。我們信佛也好，拜佛也好，重要的是把他的思想理論轉化為自己的智慧，把他關於怎樣做人的開示轉化為自己的行動，而不僅僅是崇拜一尊人造的佛像。佛教的佛祖叫釋迦牟尼。他是一個甚麼樣的人呢？原來，他姓喬達摩，名叫悉達多，屬於釋迦部族，所以，人們就稱他為釋迦牟尼，這是梵文的音譯。"釋迦"意為"能"，"牟尼"意為"仁、儒、忍、寂"。兩者合起來的意思就是"能仁、能儒、能忍、能寂"，或者可以解釋為"釋迦牟尼族的聖者"。他是公元前 6 世紀的人，大約與中國的孔子同一時代。

　　2500 多年前，古印度的西北部有個富饒美麗的王國叫做迦毗羅衛國，它的國王叫淨飯王，也就是釋迦牟尼的父親，所以，人們又把釋迦牟尼稱為悉達多太子。他的母親是摩耶夫人，人們尊稱她為摩訶摩耶，意思是偉大的摩耶。很可惜，在釋迦牟尼出生僅一週，摩耶夫人就去世了，釋迦牟尼是由父親和姨母養育成人的。釋迦牟尼從小就學習文化和武術，所以他後來既知識廣博，又武藝精強。他從小就有沉思的習慣，不貪戀王位和權力。而他父親一心想把王位傳給他，所以在他 16 歲時就為他娶妻，並生了小王子。但他一心想着普天之下百姓的生老病死問題。於是，在 29 歲那年，他脱下王子貴冠，辭別父皇和妻兒，出家修道，終於在一棵蓽鉢羅樹下戰勝煩惱魔障，徹底覺悟，成了佛陀。隨後收徒説法，普度眾生。從此，佛教慢慢地從古印度向外流布，成為世界性的宗教。

　　那麼，佛教是甚麼時候傳到我們中國來的？按照文獻資料的記載，一般説是兩漢時期，也就是西漢、東漢時期，如果要更準確一點，是東漢明帝的時候傳到中國。這裏還有一個傳説："漢明帝夢一金人於殿廷，以占所夢，傅毅以佛對。帝遣郎中蔡愔、博士弟子秦景等往天竺。蔡愔等於彼見迦葉摩騰、竺法蘭二梵僧，乃要還漢地，譯《四十二章經》，二僧住處，今洛陽門白馬寺也。"所以佛教史上一般把東漢明帝永平十年（67）迦葉摩騰和竺法蘭以白馬馱經來到中土作為佛教傳入中國的年份，為了紀念白馬馱經，明帝便把迦葉摩騰和竺法蘭居住的鴻臚寺改名為白馬寺（位於河南洛陽），這就是中國有史以來的第一間佛寺。

　　佛教傳入中國主要有兩條路線：一條是從陸上傳過來的，也就是從敦煌、河西走廊，即今天我們所説的絲綢之路那一帶傳來的。從陸上傳來的一些佛經，我們稱它為"陸經"。另外一條路線是從海上傳過來的，也就是從印度洋然後到南中國海，傳到南方來，從海上傳來的一些佛教經典我們就叫它為"海經"。

達摩東來傳道

從海上來中國傳教的人物中，有一個禪師對中國的佛教影響很大，這個人是誰呢？他就是菩提達摩。菩提達摩原來是南印度的一個王子，他後來出家了，成了有名的佛教禪宗祖師，大約在南北朝時期的梁朝來中國傳教。

菩提達摩為甚麼來中國傳教呢？這就要追溯一下關於禪的產生了。所謂“禪”是梵語“禪那”（Dhyāna）的簡稱，漢文翻譯為“靜慮”、“思維修”，是古印度各教採用的修習方式之一。據記載，佛陀釋迦牟尼在靈山對着眾弟子不說話，只是手拈一朵鮮花，眾弟子不得要領，望着佛祖沒有任何反應，只有大弟子摩訶迦葉對着佛祖微微一笑，心領神會。佛祖便對大眾說：“我有正法眼藏，涅槃妙心，實相無相，微妙法門，囑咐予摩訶迦葉。”這就是佛教史上著名的“拈花微笑”故事。

就這樣，摩訶迦葉便成了西土禪宗的第一代祖師，自此，禪宗以“以心傳心”、“教外別傳”的方式代代相傳。到第二十七代祖師般若多羅再傳給第二十八代祖師菩提達摩時，般若多羅就對菩提達摩說，我入滅約六十年後，你要把“正法眼藏”傳到中國去，利樂眾生，並贈達摩一首隱含預言的佛偈：“路行跨水復逢羊，獨自棲棲暗渡江。日下可憐雙象馬，二株嫩桂久昌昌。”偈中的“跨水”預示達摩渡海東來，“逢羊”指達摩在羊城登陸，“渡江”指達摩後來過江北上，“嫩”即“少”，“二株嫩桂”即指達摩少林寺面壁。這些預言，在達摩來華後的行跡應驗了。

🗨 佛教源於印度，長在中國

　　菩提達摩的師父般若多羅可能預感到佛教在印度很難有大的發展，只有中國才是佛教生存和發展的沃土，所以說中國有大氣象，叫達摩把印度佛法帶到中國來，確實很有眼光和見地。事實證明他的預見是對的。佛教在印度早就衰落，而在中國卻發展得如火如荼，可以這樣說，佛教起源於印度而落戶、生長在中國。

　　達摩遵照師父的囑咐，在中國南北朝時期梁武帝普通年間（520－526）航海東來，經過海上三年的顛簸，終於到達廣州。當時，廣州刺史蕭昂親自到碼頭設禮迎接，並上奏武帝。達摩在廣州甚麼地方上岸呢？他上岸的地方就是今天廣州市西關一帶，即現在的華林寺那個地方，那時這一帶還是海邊，我們現在還把菩提達摩來到廣州的地方叫做"西來初地"，這一帶許多街道以"西來"命名。華林寺，也是紀念菩提達摩的，裏面供奉着可能是現今世界上最大的菩提達摩的塑像。他來到廣州之後，建了西來庵，在那裏傳教。

　　達摩在廣州住了一段時間，梁武帝派來使者迎請達摩北上，於是，他就離開了廣州，北上到了梁朝首都建康，即今南京，見到了梁武帝。因為梁武帝信佛，跟他聊天，但話不投機。梁武帝自鳴得意地問菩提達摩："我一生建寺廟、供養僧人無數，我有功德嗎？"菩提達摩說："沒有功德。"梁武帝又問："為甚麼沒有功德？"達摩說："這些都是表面的功夫，不是實在的功德。"武帝再問："甚麼是聖諦第一義？"達摩說："廓然無聖。"武帝又問："坐在我面前與我對話的是誰？"達摩說："我不認識。"菩提達摩經過與武帝的簡單對話，知道與武帝不投緣，於是就決定離開建康北上。

　　據一些文獻的記載，達摩離開了武帝後，武帝的師父志公禪師來見，武帝便把與達摩的對話告訴了師父。志公禪師聽後即對武帝說，達摩是觀音菩薩乘願再來傳佛心印，他的開示好極了，你為甚麼讓他離開呢？武帝後悔不已，馬上派大隊人馬追趕達摩，希望把他請回來。達摩剛好來到江邊，回頭看見那麼多人追來，面對滾滾東流的江水，他便隨手折了一枝蘆葦放在江水上，自己腳踏蘆葦，很悠然地渡江北去。這就是禪宗史上著名的"一葦渡江"故事。據報道，最近南京的考古工作者在古定山寺遺址中發現了達摩"一葦渡江"碑刻，這塊達摩畫像石碑是明代弘治四年（1491）所刻的，在碑上，達摩絡腮圓眼，拱手站立在渡江蘆葦上。在畫像左側篆刻着"大明弘治四年辛亥歲三月季春定山釋子八十翁"字樣。當然這個故事帶有神話色彩。

菩提達摩過了江進入北魏境內，徘徊於洛陽、嵩山一帶，最後在河南少林寺少室山五乳峰面壁九年，有些文獻記載達摩："寓於嵩山少林寺，面壁而坐，終日默然。人莫測之，謂之壁觀婆羅門。"後人更有描述達摩渡江面壁的楹聯："一葦渡江何處去，九年面壁待人來。"所以我們一般把他作為中國禪宗的始祖。

菩提達摩從印度把袈裟和衣缽帶到中國，把它傳給二祖慧可，二祖傳給三祖僧璨，三祖傳給四祖道信，四祖傳給五祖弘忍，五祖弘忍傳給了六祖，六祖是誰呢？六祖就是慧能，也就是我們要講的主人公。

慧能出生

　　六祖慧能俗姓盧，他的祖籍是河北范陽，也就是今天的河北省涿州市，大約離北京六七十公里。據記載，河北范陽盧氏是漢代大學問家盧植的後裔，唐代范陽盧氏是大姓、望族。慧能的父親叫盧行瑫，在范陽做官，因為受到了誣陷，在唐代武德年間被皇帝貶到嶺南新州夏盧村，也就是今天的廣東省新興縣，成了平民百姓。盧行瑫為人善良，又有文化，所以他來到新州之後，人緣不錯，鄰里鄉親知道他是受了誣陷而被貶到這裏的，孤單一人，很同情他，於是就介紹了附近望村裏一個姓李的女子給他為妻。婚後男耕女織，恩恩愛愛，但遺憾的是結婚多年都沒有小孩。盧行瑫想到自己從北方被貶到這窮鄉僻壤，雖然有溫順的賢妻，但無孩子接盧家的香火，所以心裏總是悶悶不樂。

　　到了公元 638 年，也就是唐代貞觀十二年二月初八日子時，盧家終於有了第一聲嬰兒的啼叫 —— 六祖慧能降世了。關於六祖慧能的誕生，還有一個美麗傳說：六祖慧能母親有一晚做了一個夢，夢中一隻白鷺向她飛來，於是她就懷孕了，一懷就懷了六年，孩子才出生。孩子出生那天，屋裏充滿香氣和紅光，孩子出生之後肥頭大耳，整天閉着眼睛睡覺，既不吃奶又不吃東西，到晚上就有神人餵一些甘露給他吃。這當然只是傳說，不完全可信。但當時的文獻是這樣記載的。

🗨 如何看待慧能出生異象

六祖慧能出生時的這些現象，好像很特別，令人驚奇。其實，每個人都有屬於自己的緣分。張三為甚麼在某年某月某日某時來到這個世上？而李四又為甚麼在另一個時刻降生？這就是各人的緣分不同。你出生時也可能有一些不同尋常的現象出現，你出生時也有可能與某些重要的事件吻合，只不過沒有注意而已，這是一個方面。另一方面，慧能後來成了祖師，成了名人，於是後人就在他身上附會了很多帶傳奇色彩的東西，讓他顯得一來到這個世上就與眾不同。我就不相信慧能出生時就有人特別為他作了詳細記載的準備。所以，我們不用過分去追問這些情況是否真實，了解大概情形即可。

但是不管怎樣，盧行瑫非常高興，因為生了一個男孩，盧家香火可以延續了，所以第二天一早他就準備向鄰里鄉親報喜了。誰知一打開門，只見兩個相貌奇異的和尚站在門前，雙手合什跟他說："恭喜府上昨天晚上添了貴子，我們是專門來為你的小孩起名字的。"慧能的父親就覺得奇怪：他們怎麼知道我昨天晚上生了小孩呢？但既然是來為小孩起名字，就問和尚起甚麼名呢？這兩個和尚說："上慧下能，就叫慧能吧。"慧能父親本是個有文化的人，覺得和尚說出"慧能"這兩個字肯定是有含義的，他就問"慧能"兩字怎樣解釋。兩個和尚就說："慧者，以法慧施眾生；能者，能做佛事。"一說完這兩個和尚就不見了。這就是六祖慧能名字的來歷，當然這也是有傳奇色彩的。

關於六祖慧能名字的由來，有人根據江西南昌《盧氏族譜》記載而提出另一種說法：慧能的祖父名尚，曾任瀛州刺史，尚的長子即慧能的伯父行韜已出家，人稱韜和尚、韜長老，精通風水，次子行瑫即慧能的父親是蔭補為洪州兵曹參軍事，行瑤帶着兄長的家眷一起赴任。當行瑤被貶到新州夏盧村的時候，他的兄長韜長老早已遊方到新州，在龍山擇洞隱居。六祖慧能出生時，韜長老到夏盧村登門道賀，但兩兄弟已不相識，韜長老則對行瑤說：“這個小孩與佛有緣，天生有大智慧，能做佛事惠濟眾生，可取名為慧能。”這種說法，未見於其他文獻。

讀者不知有沒有注意，慧能的出生和名字的由來，有兩點是較為特別的：第一，慧能出生的時間是二月初八，佛祖釋迦牟尼也是二月初八出家的，當然釋迦牟尼出家是在公元前，慧能出生是在公元後，兩者相差大約一千多年，但都是二月初八這一天，這到底是有甚麼樣的因緣，還是巧合，就無法解釋了。第二，慧能這個名字，從他出生一直到他圓寂都沒有改過，和現在一些僧人、和尚不同，在俗家的時候有一個名字，出家之後有一個法名，而慧能就沒有，一直叫慧能。當然慧能名字怎麼寫呢？從文獻和一些研究成果看都有所不同，有些寫恩惠的“惠”，即惠能，有些寫智慧的“慧”，即慧能。其實兩個寫法都可以，如果從佛理上講，“惠”是六度中的布施，“慧”是六度中的般若，都契合佛教的理論，如用“慧”字境界會更高一些。

艱辛童年

盧家添了人丁，又有僧人賜名，家境雖然不算富裕，一家三口倒也其樂融融。但這樣的好景只維持了三年。當六祖慧能三歲的時候，他的父親就病倒不起、駕鶴西去了，家裏一下子斷了頂樑柱。慧能母子面對這突如其來的慘狀，悲痛欲絕，幸有眾鄉親的幫助，才處理好後事，把父親埋葬在宅舍旁邊。

慧能真是個苦命的孩子，三歲就沒了父親，只能與母親相依為命，孤兒寡母，從此，生活就更加窮困了。所以慧能不可能像其他的同齡孩子一樣讀書、上學、認字。慧能沒有上學也不識字，卻成了佛教禪宗的祖師，很多人對此都有疑問。慧能是否識字？接下來還會講到這個問題。

慧能雖然沒有上學讀書，但是艱辛的童年生活和遭遇反卻培養了他良好的人品和吃苦耐勞的個性，小小的年紀就幫母親做家務幹活。據說他母親信佛，經常給他講一些做人的道理，所以他從小心地就很好、很懂事。有一個例子很能說明這一點。有一天，一個風水先生來到六祖慧能這個村，這位風水先生穿得破破爛爛的，滿臉污垢，髒兮兮的，整個村子都沒有人願意接待他，唯獨慧能家接待了他，還把家裏最好的東西煮給他吃。到晚上，六祖慧能還把自己的牀讓給他睡，自己睡地板，由於這張牀不平，吱吱作響，這位風水先生翻來翻去都睡不着，慧能就用自己的手把牀墊平，風水先生才安然入睡。到翌日清晨，這個風水先生醒來，見到這種情形，心裏想這家人待我那麼好啊，過意不去，就對慧能母親說，你們待我太好了，我無以回報，我現在在山上選了一塊風水寶地，叫做萬佛朝宗穴，如果你把先人葬到那裏的話，對你們很有好處。不知道你希望你的後代是九代狀元還是萬代香煙呢？如果想萬代香煙，墓穴就偏右一點坐向；如果想九代狀元，墓穴就偏左一點坐向。慧能母親先謝過風水先生的好意，想了一下說，如果是九代狀元，就是要做官了，孩子父親以前就是做官的，因受到了誣陷才被貶到這裏，他在生的時候經常說官場很黑暗，所以我們不想甚麼狀元，也不要做官了，要萬代香煙，能夠把盧家煙火延續就行了。後來這個風水先生就把慧能父親移葬到這個墓穴裏，墳墓的坐向是偏右一點的，結果出了位禪宗祖師，至今仍香火鼎盛，真是萬年香煙。六祖慧能父母的墓就位於現新興龍山國恩寺裏，各位如有機會到新興，可到國恩寺去看看。當然這也是有一點傳說色彩的。

🐷 心懷善念

慧能的童年生活確實很艱苦，但在大千世界中，有着艱苦的童年又何止慧能一人？即使在物質文明較為發達的今天，也還有不少孩子捱餓受凍。是在艱苦的環境中鍛煉、陶冶自己的良好品格？還是在艱苦生活面前無所作為？這就是一個偉人與凡人不同的境界。當然，我相信小小的慧能在當時也不會懂得這些大道理。但我們從慧能的艱苦童年的境遇中，應該看到他身上所蘊含的最本質之處，那就是有一顆純淨、善良的心，即平時我們常說的"心地善良"，也可以說是一種善根，一種良好的品質。而這種善根，對於個人後天的成長是起決定作用的。慧能後來成為祖師，應該說是他從小種下了這一善根的果報，因為佛教是強調因果報應的。所以，我們今天養兒育女，從小的時候起就要培養他（她）的善根和良好的品質，這比任何東西都重要。

　　而據江西南昌《盧氏族譜》的敍述，慧能父親行瑫病逝後，韞長老曾前往弔唁，慧能母親嫌舊宅風水不好，於是韞長老幫助慧能母子遷到龍山結茅而居，在茅居旁選 "萬佛朝宗穴"，遷葬慧能父親，並對慧能母親說："小施主前途無量，比考狀元做大官還備極榮耀，日後在你龍山住居兩旁，還會專門為他建兩座功德寺，貴夫君長臥萬佛朝宗穴，可享萬代香煙哩。"

皈依佛法

　　慧能在艱苦的生活環境中慢慢長大，而他的母親也隨着慧能的長大而慢慢衰老，再也無力撫養慧能了，慧能就下田幹農活，上山砍柴挑到縣城去賣，賣柴賺錢來養活母親。他從小就挑起了生活的重擔，真是窮人的孩子早當家。有一天，他如往常一樣上山砍柴，挑柴到縣城金台寺附近賣，賣了柴收了柴錢正準備回家，突然間聽到有一個人在唸經書，他覺得這個經書非常好聽，尤其是聽到“應無所住而生其心”這一句時，頓覺心裏有一股暖流通過。

🐷 石能拜開？

　　拜開石頭，這又是一個神奇的傳說故事。這個故事，從《六祖壇經》中是找不到的，但在地方誌中有“別母石”的記載。但還是那句話，我們不必追問它的真實性，重要的是，我們從這個故事中，得到了甚麼樣的啟迪。慧能要北上學佛，母親、舅父都不同意，說明是阻力重重，但他認準了，衝破阻力，百折不回頭；還要拜開石頭，那可能嗎？說明困難夠大的了，但他迎着困難上，沒有被困難嚇倒，最終如願北上學佛。

　　人的一生，奮鬥的目標也許會好多，但最終能達到的，或者說能夠成功也許只有一個，這就靠你的智慧認準哪一個，就怕你在眾多的目標中搖擺不定；從事任何的事業都不會順風順水，就怕你在風浪打來的時候畏懼不前。這些都是人人都懂的大道理了，但你能做到嗎？在這一方面，慧能確實是我們最好的榜樣。

於是他就問這個人：“請問先生，你唸的是甚麼經，這部經書是從哪裏來的？”那個人就說：“我唸的這個經叫《金剛經》，是從湖北黃梅東山寺五祖弘忍大師那裏來的，如果你想要學佛的話，最好就到五祖弘忍大師那裏學。”慧能就說：“我是很想去學佛，但我家裏還有年邁的老母親，如果我去湖北黃梅五祖那裏學佛，誰來贍養她呢？”慧能真是前世修來的好因緣，剛好旁邊有一個名叫安道誠的善人，對他說，我看你這個人慧根很好，又很有佛緣，將來必會大有成就，如果你要去學佛的話我資助你一筆錢，安頓好老母親，你就可以放心去湖北黃梅跟五祖學佛了。這位安道誠到底給了慧能多少錢呢？根據文獻的記載，有的說是十兩，有的說是一百兩。慧能謝過了安道誠就回家去，吞吞吐吐地對母親說：我想去湖北黃梅東山寺五祖弘忍大師那裏學佛。他母親雖然信佛，但一聽他說要出遠門去學佛，心裏還是涼了半截，心想：我們盧家從北方被貶到這裏來，你父親也去世得早，我好不容易的把你拉扯大，你現在要出去學佛，學佛以後也就不能結婚，這不就斷了盧家的香火，這怎對得起你逝去的父親，怎對得起盧家。慧能母親很猶豫，但是看到慧能滿臉真誠、孜孜渴求，又不好拒絕他，無奈他母親只好婉轉地說：“你去問一下你舅舅吧，如果他同意你去你就去，不同意你就不要想了。”於是慧能就來到他舅父那裏，把要到黃梅學佛的想法稟報舅父，他舅父想了一下，語重心長地對他說：“你年輕人不要輕易行事，要慎重考慮，你母親年紀那麼大了，你怎麼忍心將她拋下不顧而自己跑到湖北黃梅學佛呢？”但是慧能決心已定，怎麼說也說不服他。後來他舅父沒有辦法，就給他出了一個大難題，對他說：“這樣吧，你把村前那一塊大石頭拜開了，我就讓你去，不然的話你就不要想了。"慧能就毅然跑到村前大石頭面前跪下就拜,跪拜了七七四十九天,不知是他的真誠感動了上蒼還是碰巧,剛好天上雷電交加,一個閃電霹靂"轟隆"一聲真的把石頭劈開了,真是"精誠所至、金石為開"。後人就把慧能拜開的石頭稱為"別母石"。他母親、舅父,還有鄉親們,看到這個情形,覺得這是天意呀。所以,他母親只好同意他去湖北黃梅學佛。

北上求法

　　得到母親、舅父的同意，慧能就決定離開家鄉北上湖北黃梅學佛了，但當他看着養育了自己二十幾年的老母親的時候，心裏百感交集，不覺淚水直流。但為了學佛，很難有兩全其美的辦法，他想只要好好學佛，學成歸來就能報答母親的養育之恩了。於是，慧能收拾行裝來到村前被他拜開的那塊大石頭前面，向前來相送的母親、舅父和眾鄉親們叩頭跪拜，依依惜別。現在新興縣塱村還有慧能當年拜開兩邊的石頭，後人就把它稱為"別母石"，成了一個旅遊景點，地方誌書中也有記載，如果大家有興趣也可以去那裏看一看。慧能背起行囊，風塵僕僕，踏上了北上湖北黃梅拜師學佛的旅程。這一年，是唐代龍朔元年，即公元 661 年，慧能 24 歲。

　　唐代的嶺南交通還不發達，慧能翻山越嶺，跋山涉水，風餐露宿，經過近一個月的長途跋涉，到達了韶州曲江，即今天的韶關市曲江縣，遇到了一個名叫劉志略的志士。慧能和劉志略談起來很投緣，兩人相見恨晚，後來就結拜為兄弟，慧能就住在劉志略家裏。劉志略有一個出家的姑媽，法名叫"無盡藏"。無盡藏經常唸《涅槃經》。慧能白天與劉志略一起勞動，晚上則聽無盡藏唸《涅槃經》。有一天，無盡藏拿着經書去向慧能問字，慧能說："我不認得字啊，你向我問字沒有用，問佛理我跟你講一講還可以。"無盡藏覺得很奇怪，你連字都不認識怎麼能講解佛經、佛理呢？慧能就對她說："諸佛妙理，非關文字"，也就是說佛教的理論跟文字關係不大（這說明慧能在成祖師前就已有禪宗不立文字、教外別傳的思想了）。

無盡藏覺得這個人出口不凡，就告訴鄉親鄰里，我們這裏來了一位有大智慧的人，大家都來探望慧能。

在曲江劉志略家住了一段時間，慧能想起自己的任務是要去學佛，長期住在這裏怎能學佛呢？於是，慧能就決定離開曲江繼續北上湖北黃梅求法，劉志略苦苦挽留，慧能婉言謝絕，拜別了劉志略和鄉親們，繼續北上的行程。經過十幾天的跋涉，到了樂昌（即今天的韶關市樂昌）。在樂昌西山石窟，遇見了住持智遠禪師，於是，慧能就暫時住在西山石窟，跟智遠禪師學坐禪，聽慧紀禪師唸《投陀經》。這樣又過了一段時間，慧能心想，這也不是辦法，整天在這裏打坐也學不到甚麼東西。而且智遠和慧紀禪師都認為慧能慧根深厚、龍象容顏，必須到黃梅五祖弘忍大師那裏才能學到真佛。所以慧能又離開了樂昌，直奔湖北黃梅。

🗨 大智慧也要學習

在佛家來說，慧能是個大慧根、大智慧，在俗家來說，慧能是個大天才。但慧能在曲江和樂昌的履歷，說明一個問題：即使是大智慧、大天才也要學習。不少人說慧能沒有學習過佛經而理解佛經，那是不對的。慧能聽無盡藏唸《涅槃經》、聽慧紀禪師念《投陀經》以及在家鄉賣柴時聽別人唸《金剛經》就是學習佛經的過程，誰說他沒有學習過佛經呢？我們不要以為，人聰明一點、智商高一些就不要學習了，慧能智商夠高、夠聰明了吧，他還是很認真學習，何況我們凡夫俗子，就更要百倍努力去學習，時時、處處、事事都學，終生學，這才會得到大智慧。

慧能說："諸佛妙理，非關文字"，並不是不要文字，而是強調不要執着、拘泥於文字，被文字綁住，要從文字中理解它的含義，那才可轉化為你的智慧。

接受考驗

　　黃梅是甚麼地方呢？就是現在的湖北省黃梅縣，從江西九江一過了長江就是黃梅了。黃梅有一座山叫東山，山上有一座寺院，五祖弘忍大師就在那裏弘法，所以我們一般把這座寺廟叫黃梅寺、東山寺、五祖寺，我們也把五祖的禪法稱為東山法門。

　　慧能風塵僕僕地來到黃梅五祖寺，站在高大的山門前，既激動又高興，立即上前叩門向寺僧說明來意。守門寺僧看到慧能衣衫襤褸，像個乞丐，不願接引他，經慧能再三請求，才帶他到大殿，稟告五祖弘忍大師。慧能終於見到了自己心目中的師父了，馬上伏身跪拜。五祖弘忍瞄了一眼這個南方的匆匆來客，看到慧能身材矮小，瘦瘦的，相貌平庸，就有點看不起他，閉着眼睛問慧能：“你是哪裏人，來我這裏幹甚麼？”慧能回答說：“我是嶺南新州的百姓，我到這裏來不求甚麼，只求作佛。”五祖帶着責備的口吻說：“你們嶺南人是南蠻，又是‘獦獠’。獦獠是沒有佛性的，怎麼能夠作佛呢？”

　　讀者，“獦獠”是甚麼意思呢？“獦獠”是當時北方人、中原人對嶺南土著人的貶稱，兩個字都有反犬旁的，“獦”是一種野獸，獠是嶺南的少數民族。所以五祖說嶺南人是獦獠，沒有佛性。慧能就說：“人有分南北，佛性是沒有分南北的，我這個南蠻獦獠的身和你和尚的身可能不同，但佛性是沒有甚麼差別的。”五祖弘忍大師一聽，立即睜大雙眼，凝視着面前這位貌不驚人卻悟性極高、慧根深厚銳利的“獦獠”，心裏想：我的弟子上千人，還沒有一位弟子有那麼高的悟性，能說出這番蘊含深刻佛理的話來。於是，五祖弘忍大師不得不對慧能刮目相看了。而且心裏也非常高興，終於有一位佛門的大智慧出現了。本來五祖還想繼續問慧能一些問題，但看見大殿中人太多，只好欲言又止。為甚麼呢？因為五祖弘忍是個愛才惜才的高僧大德，他已深知慧能的稟賦和根器，但是他又擔心慧能這麼聰明卻出身貧寒，來自嶺南，會招致周圍人的妒忌。所以，為了保護慧能，五祖弘忍再沒有多說，而且也沒有把慧能留在身邊，而是安排他到雜房去打雜，並吩咐一位弟子帶慧能到雜房去。就這樣，慧能留了下來，成了五祖寺裏的一位行者。

這裏，有幾點是要大家注意的：第一，慧能說只求作佛，而不是學佛，這個“作佛”和“學佛”只是一字之差，意義卻有很大的不同，“作佛”說明慧能已經體悟了佛性，有了很大本事，所以才敢大膽地說我是來作佛，而不是來學佛。第二，反映出六祖慧能在成為祖師之前，就有了人人有佛性、佛性平等的思想。下文談到六祖慧能思想時，還會講到這個問題。第三，也許有人會問，像五祖弘忍這樣的禪宗大師，為何也說出這樣輕蔑的話？其實，五祖弘忍一見慧能就已知道他的智慧，兩人這番對話，只不過是五祖對慧能的一種面試，也是佛法和禪理的機鋒對接。

慧能在雜房主要是從事舂米的工作。舂米是甚麼樣的工作呢？可能年紀大一點的人都知道，以前稻穀是先用磨把殼去掉，然後人踏石碓把糠舂掉，米才會白一點。五祖寺人多，每天食用很多糧食，所以慧能每天的勞動量很大，也很辛苦，但他毫無怨言，在勞動中默默地體悟佛理。

由於慧能身材矮小，體重又輕，所以他便在腰上綁了一塊石頭，增加體重，踏碓時既沒有那麼辛苦，米也可以舂得快一些、白一些。綁在慧能身上石頭，時間長了，把他的肉都磨損了，背上都長了疝，但是為了求法，也不在乎那麼多了。慧能當年綁在腰上的這塊石頭後人稱為“墜腰石"，據說曾有一個廣東人在黃梅做官，把這塊石頭帶回廣東，存放在韶關南華寺，也有人認為這塊石頭應該是存放在湖北黃梅五祖寺，南華寺這一塊是複製品。大家也可以到南華寺和五祖寺去看看這塊石頭。

🗨 平常心是道

"平常心是道"是六祖慧能大師徒孫馬祖道一禪師的一句名言。是的，人如有一顆平常心，就會受寵不驚、遇侮不怒，不會因成功而得意忘形，也不會因失敗而自暴自棄。六祖慧能大師就有這樣一顆平常心。初見五祖時，就被五祖大師當頭一棒 —— 你是"獦獠"，受了多大的侮辱啊！但慧能並沒掉頭就走，而是平靜地與五祖對答，終於得到五祖的認可而留了下來。雖然留了下來，但不是在五祖身邊，而是在雜房中做苦力，連與師兄弟們一起唸佛參禪打坐的份也沒有，只是天天春米供養師兄弟，但慧能毫無怨言，把它當做修禪的一種途徑；五祖檢查弟子種菜收成，慧能被其他師兄弟欺負，但他若無其事，不爭辯、不煩惱。反觀我們日常生活，多少人因一句話不合而大打出手，因一件小事不和而自毀前程，太不值得了，真的要好好向慧能學習。

有一顆平常心不但有助於自己事業的成功，而且對保持身心的健康和長壽也相當有益。易怒者必損身心，易狂者必傷元氣，而大凡長壽的人，都看得開，不執着，淡薄寬容，説到底就是平常心。當然，平常心是要靠平時修煉培養的，建議各位多些逆境的修為。

不怕苦、不畏累，平時我們説得多了，但做起來不容易，尤其是像六祖慧能大師那樣，為了求法，背着石頭春米，肉磨損了，生了疽也不顧，更不容易。所以，我們不但要吸吮六祖慧能大師的智慧，也要踐行他的行為精神。

　　在五祖寺，慧能還從事其他重活，而且不管做甚麼事，他都很認真，且成績不錯。有一次五祖弘忍來檢查大家的勞動成果，當檢查弟子們種菜的收成時，其他弟子都欺負慧能，把慧能種的菜全部挖到自己那兒去，而慧能那裏就沒有菜了。五祖一看，覺得奇怪，為甚麼慧能種的菜一棵也沒有啊？但在查看其他弟子的菜時，無意中發現菜葉底下有"慧能"兩個字，這又是怎麼回事呢？經過細看，原來是很多蟲子在菜葉底下爬出"慧能"兩個字。五祖心裏不禁慨歎，真是人可欺，天不可欺，其他弟子欺負慧能，但是一看就知道全部是慧能種的菜。五祖轉過頭來看看慧能，只見他站在一旁笑瞇瞇的，好像一點事情也沒有發生，心裏很平靜，保持平常的心態。五祖暗想，這真是佛門難得的一塊好材料啊。

　　還有一次五祖來雜房看慧能，對他說："我看你慧根很好，很聰明，我怕別人妒忌你，所以才派你來這裏打雜，你知道師父的用意嗎？"慧能回答說："我早就領會到師父的意思了，所以我也很少到大廳堂前聽你講經，以免引起其他人的過多注意。"可見師徒兩人心有靈犀、言行默契。

傳承衣鉢

日子過得真快，慧能在黃梅五祖寺一晃就過了八個多月的時間。而五祖弘忍大師也感到自己的年歲越來越大，人早晚是要走的，和尚也逃脫不了生死大事。為了把達摩祖師的禪法和從印度帶來的衣鉢、袈裟傳下去，現在是選接班人的時候了。但怎樣才能選到有真才實學的接班人呢？五祖弘忍想出了一個辦法。有一天他召集全寺的弟子，對他們說："人的生死是一生中的大事，誰都逃不過去，我現在年紀也比較大了，你們在我這裏學了那麼長時間，到底學了甚麼東西？你們各自回去好好想一想，自己對佛法的理解怎樣，自己的悟性怎樣，每人都寫一首佛偈（佛偈，通俗一點講就是一首詩）給我看，誰寫得比較好，悟性比較高，我就選他為接班人，把衣鉢、袈裟傳給他，讓他成為第六代祖師。"

五祖弘忍的弟子中，有一名叫神秀的弟子，這個人身材魁偉，聰明好學，對儒家的學說早已滾瓜爛熟，來到黃梅拜五祖為師之後，又經常與五祖討論佛理，五祖弘忍很器重他。神秀來了五祖寺後不久就當了上座、教授師。上座在佛教寺廟裏是僅次於方丈的一個職位，專門教弟子一些戒律，地位是很高的。五祖弘忍曾經說過，他與神秀討論《楞伽經》，心裏很暢快，並說："東山法門，盡在秀矣。"所以，神秀後來在湖北當陽山玉泉寺開壇弘法，成了禪宗北宗的教主，女王武則天和唐中宗都請他到長安供養，成為兩京法主、三帝國師，這是後話。

正是因為神秀的地位和學問，當五祖要弟子們寫佛偈時，其他弟子議論紛紛，他們都說，我們不用費心去寫佛偈參加選法嗣了，要選肯定是神秀上座，他那麼聰明，我們怎能比得過他呢？我們不用寫，他寫就行了。那麼神秀又是怎樣想呢？他聽了五祖的吩咐後，就回去考慮，心裏想：我如果不寫佛偈的話五祖又怎能知道我學得如何，怎能知道我對佛法的理解和悟性呢？而且也有違師父的囑咐呀。但如果我寫的話，又怕其他師兄弟們誤解，以為我想爭祖位。他左右為難，本來已經寫好的佛偈，幾天都不敢遞給五祖看。後來他想了一個辦法，到半夜三更的時候，趁大家都睡着了，就起牀偷偷地來到走廊裏，把佛偈題寫在牆壁上，他的佛偈是這樣的：

身是菩提樹，心如明鏡台。

時時勤拂拭，勿使惹塵埃。

寫完之後就趕緊跑回禪房睡下，其他人都不知道。

第二天早上，很多和尚、寺僧路過走廊，看到牆壁上有一佛偈，議論紛紛，於是驚動了五祖弘忍。五祖本來請了一位畫家盧供奉，想在這牆壁畫楞伽變相圖，而現在這裏卻寫有一首佛偈，便對畫家說：“勞煩供奉遠道而來，畫不用畫了，佛經說‘凡所有相，皆是虛妄’，有這首佛偈便可以了。”於是給了畫家一些銀兩打發他回去。然後就對弟子們說：“你們都好好唸這首佛偈，按照這首佛偈來修行，對你們很有好處。”其他的弟子就紛紛在神秀的佛偈前焚香拜唸。其實，五祖看見這首佛偈時就知道佛偈意思了，也知道是誰寫的。所以到了晚上，五祖就把神秀找來，問：“這首佛偈是你寫的吧？”神秀說：“是我寫的，師父，我不是想爭祖位，主要是想看看自己學得怎樣。”五祖就說：“從你現在的佛偈來看，你只到了門檻，還沒有進到門裏面，還不行，這樣吧，你回去再思考一下，重新寫一首佛偈給我。”神秀回去，翻來覆去想來想去，幾天都想不出更好的佛偈。

神秀的這首佛偈，雖然五祖說他還沒有入門，但全寺的弟子都在唱唸。有一天，一個寺僧也在雜房裏唸，慧能聽到了，也覺得不錯，就問：
"師兄，你唸的這首佛偈在哪裏？誰寫的？我也想去看看。"那個寺僧就
對他說："你不知道嗎，師父說，人的生死事大，他要選接班人，要我們
寫佛偈給他看，看誰的佛偈寫得好，就傳衣鉢給他為第六代祖，上座神秀
寫了這首佛偈，大家都說很好，師父也要我們按照這首佛偈修行。"慧能
就請那個寺僧帶他到走廊裏看這首佛偈。因為慧能不識字，只好叫別人唸
給他聽，他聽後總覺得好像還欠缺甚麼。剛好當時江州別駕 —— 一個當
地的官員張日用在那裏，慧能就說："我也有一首佛偈，想請大人幫我寫
出來。"周圍的人一聽，都譏笑他說："你一個南蠻，甚麼都不懂，字也
不認得，你也有佛偈？那不是天大的笑話嗎？"慧能就說："下下人有上
上智，上上人有沒意智。"意思就是很低下的人可能會有大的智慧，高高
在上的人可能無智慧，你們不要小看人，小看人是很大罪的，無邊的罪
啊。張日用就說："你不要再說了，你說出你的佛偈我幫你寫就是了，不
過如果你真的接了法，成了六祖，首先要開度我啊。"於是慧能就請那位
張日用在神秀佛偈旁邊再寫了一首。

🐷 千萬不可小看人

好一句"下下人有上上智，上上人有沒意智"！精闢啊，其實這
就是六祖慧能大師的真實寫照。出身低下貧賤就必然是愚昧？出身
高貴富有就注定是聰明？慧能大師給了徹底的否定。所以，我們千
萬不要因為自己的貧窮而看低自己，對自己要有信心；別以為那些
衣着光鮮、自命清高的人就聰明絕頂，說不定你比他聰明百倍；更
不要看不起其他人，即使對那些窮困潦倒的人也不要小看他、譏諷
他，否則就是罪過，而且不是一般的罪過，是天大的、無窮大的罪
過。

慧能這首佛偈是怎麼樣的呢？不同版本的《壇經》記載有所不同。最早的敦煌本《壇經》記載的是兩首偈，一首是：

菩提本無樹，明鏡亦無台。
佛性常清淨，何處有塵埃。

另一首是：

心是菩提樹，身為明鏡台。
明鏡本清淨，何處染塵埃。

後來到慧昕本《壇經》就成了一首佛偈了，這首佛偈是這樣說的：

菩提本無樹，明鏡亦非台。
本來無一物，何處惹塵埃。

這首佛偈就是慧能接法成為六祖的佛偈，大家可能都很熟悉了，現在大多數文章和著作都採用這首佛偈。

張日用代慧能寫完佛偈之後，周圍的人看得目瞪口呆，議論紛紛，都說人不可貌相啊，同時也驚動了五祖。五祖來到一看，即知道這首佛偈佛理深厚，也知道是誰寫的，但他為了保護慧能，怕別人嫉妒他，就用鞋把慧能的佛偈擦掉，說：“這首佛偈也未見性，你們不要議論了。”於是眾人就各自散去了。

到了第二天，五祖就到雜房去看慧能，只見慧能腰綁石頭，用力踏碓舂米，就對慧能說：“你為了求取佛法，連自己的軀體都不顧了？米舂白了沒有？”慧能回答說：“米早就舂白了，就差過篩。”這是一個雙關語，表面上是說舂米，實際上是說慧能早就體悟了佛法，只不過欠師父再過一遍。五祖用禪杖在碓頭上篤、篤、篤敲了三下，然後走了。

慧能真的悟性很高，五祖敲了三下他就知道是甚麼意思。於是，到了晚上三更的時候，他就悄悄地來到五祖的方丈室。五祖看到他來了，非常高興，知道慧能已領會他的意思了，於是就用袈裟擋住窗戶，為慧能詳細解說《金剛經》，當講到"應無所住而生其心"這一句時，慧能豁然開朗，即時頓悟，連續說出了"五個何期"，即"何期自性本自清淨，何期自性本不生滅，何期自性本自具足，何期自性本無動搖，何期自性能生萬法"。這"五個何期"的意思就是說，人的本性本來就是清淨的，沒有甚麼污染的，人的本性本來就是不生不滅的，人的本性本來就是圓滿具足的，人的本性本來就是無動無搖的，人的本性可以生出萬種佛法的。五祖聽到慧能這番說話，點頭稱讚，認為慧能對佛法的理解很透徹，心裏想：我終於找到衣缽傳人了。於是就對慧能說："我現在把達摩祖師從印度帶來的袈裟、衣缽傳給你，你就是第六代祖師了，以後弘法的任務就落在你身上了，要把佛法發揚光大。聽我的一首佛偈：

> 有情來下種，因地果還生。
> 無情亦無種，無性亦無生。

但是你現在必須馬上離開這裏，為甚麼呢？因為衣缽、袈裟歷來都是爭端之物，誰得到這個信物，誰的生命就有危險，現在你得到了就要馬上走，不要在這裏停留。而且要切切記住，衣缽、袈裟傳到你為止，不要再往下傳了。"

自始，中國禪宗第六代祖師誕生了。

逃亡路上

　　五祖要慧能馬上離開，慧能就問："我到哪裏去呢？"五祖弘忍給了他八個字："逢懷則止、遇會則藏。"怎麼解釋這八個字呢？即是說你到了有"懷"字的地方就停下來，到了有"會"字的地方就藏起來。慧能說："我從南方來，語言不通，路又不熟，怎麼回去呢？"五祖就說："你別急，我親自送你到九江。"於是師徒兩人趁着月色，神不知鬼不覺就下山，沿着山路來到了九江驛站碼頭，不知道是碰巧還是有甚麼因緣，剛好有一艘小船停在那裏。師徒兩人上了船，五祖就說："你坐好，我搖船渡你過江。"六祖慧能就說："師父你坐，還是應該由我來搖船，為甚麼呢？我迷的時候要靠師父來渡，現在我悟了，應該要自己渡了。"五祖說："這很好很好，應該是這樣，今後的佛法就由你去弘揚了。"慧能這裏所說的"渡"是個雙關語，表面說是渡船，實際上是說慧能對佛法已經醒悟了，自悟自渡了。就這樣，六祖慧能過了長江往南逃了。

　　五祖送走了六祖慧能，連夜回到東山寺，三天閉門，不出來講法。弟子們沒有看到師父出來講經，都很奇怪，於是就來到方丈室。五祖見弟子們到來，就對他們說："我的佛法已經去了南方了。"弟子們急着問："誰拿走了佛法？誰得到了佛法？"五祖就說："能者得之。"這也是一句雙關語，一個意思就是說有才能、有才幹的人得到了佛法；另一個意思就是說慧能得到了佛法，因為他叫慧能，所以是能者得之。大家回想起這幾天確實沒有看到慧能在這裏，肯定是這個南蠻拿走了佛法，於是幾百人紛紛去追慧能，想把衣缽袈裟搶回來。

慧能辭別了五祖，過了長江之後，就往南跑了，不知過了多少個日日夜夜，經過了多少艱難險阻，終於到達了大庾嶺，就是現在江西省大餘和廣東韶關南雄交界的地方，即南雄梅嶺古道那個地方。

他坐在一塊大石上稍作休息，回頭往後看，見後面有幾百人追來。在人群中，有一個叫陳慧明的，原來是四品將軍，是練武的，力氣很大，跑得最快，眼看就要追上慧能了。慧能心想肯定跑不掉了，那人高高大大的，怎麼跑得過他呢？於是，慧能把衣缽、袈裟放在石頭上，自己就在旁邊的草叢中躲起來。陳慧明跑過來看到衣缽袈裟在這裏，就用力去拿衣缽和袈裟，但怎麼提也提不動衣缽、袈裟，他凝視着眼前這衣缽袈裟，忽然醒悟：這是佛教的無上聖物啊，豈能力爭？只有大覺悟、大智慧之人才有資格得到這一聖物。於是他說："盧行者、盧行者你出來吧，我不是為了衣缽袈裟，我是為了佛法而來的。"

六祖慧能聽到陳慧明說是為了佛法而來，就從草叢走出來，盤坐在石頭上。陳慧明即上前向六祖慧能禮拜，並說："懇請盧行者為我說法。"慧能則對陳慧明說："你既然是為了佛法而來，那你就閉起眼睛，排除一切雜念，我給你說法。"陳慧明按照六祖慧能的指引靜靜默默地持續了良久，然後六祖慧能說："不要思念惡，也不要思念善，在進入這樣的狀態時，你靜靜地回想一下你自己剛來到這個世上本來的面目是怎樣的。"經過六祖慧能的點化，陳慧明頓時開悟了。他接着又問慧能說："除了剛才你所說的密語外，還有其他密語嗎？"六祖便說："我對你明白地說了就不是密語了，如果你能夠觀照自己，密語就在你身邊。"陳慧明又說："我雖然在黃梅多年，但還沒有認識自己的本來面目，現在經你指點，就像人飲水那樣，是冷是暖，只有自己才知道。你現在就是我的師父了。"六祖慧能則說："你如果能這樣，你我都是五祖弘忍的弟子，我們都要自重自愛,自行護念。"可以說,陳慧明是六祖慧能開度的第一位弟子。分別的時候陳慧明問六祖:"我應該去哪裏?"六祖慧能給陳慧明八個字"逢袁則止、遇蒙則居",即是說到了有"袁"字的地方就停下來,遇到有"蒙"字的地方就住下來。陳慧明後來到了江西袁州蒙山,在那裏弘法,成為一方有名的禪師,這個就不提了。

●"不思善,不思惡"

我們要好好品味六祖慧能要陳慧明"不思善,不思惡",想一想自己剛到這個世上的本來面目的開示。人剛來到這個世上時的面目是怎樣的?都是赤條條、無牽無掛的,這個時候是最天真無邪、無雜念、自然純真的。這是一種境界,人們唸佛修禪追求的就是這種境界,所謂成佛也無非是達到無慾無求、自然純真。慧能大師的"不思善,不思惡"並不是要你不要有思想,如果人沒有思想就等於木石了,而是要你不要有雜念和慾望,要你像剛到這個世上時的境界。"善"與"惡"是相對的,執着於善也會生出惡來,無善也就會無惡,"善"、"惡"全無,就能回到剛來世上時的自然純真的境界。

陳慧明與六祖慧能分別後,即沿途返回,與追上來的大隊人馬匯合,對他們說:"你們都回去吧,這個南蠻慧能他的腿有殘疾,跑不快的,可能還在後頭。我在前面問過路的人有沒有見到慧能,都說沒見到,所以,我們回頭去找他吧。"其他人聽陳慧明這麼說,都回去了。就這樣,六祖慧能逃過了他們的追殺。現在大庾嶺上還有衣鉢亭、建有六祖寺等景點,各位如有機會應該去看一下。

潛居懷會

與陳慧明分別後，六祖慧能繼續往南，又經過一段艱辛歷程，終於回到了韶州曲江，見了結拜兄弟劉志略、無盡藏比丘尼，也見了鄉親們，他們都很高興，都來看望慧能，說慧能已經學法歸來，應該有作為了。當時，魏武侯曹操的後裔曹叔良和村民一起，把隋朝末年已經被兵火毀壞的寶林古寺進行修復，請六祖慧能在寺中居住說法。慧能在寶林寺住了九個多月，又有一些惡人來追殺他，其中有一次慧能預先知道有人來害他，於是他就逃到後山躲起來。那些人追上來，找不着慧能就把周圍的草叢放火燒了，好在慧能藏在一大石縫裏才幸免於難，躲過了追殺，石逢中的石塊上還留有慧能當年盤坐的膝跡和衣布的紋印，後人稱為"避難石"。

六祖慧能雖然又逃過了一劫，但他覺得在曲江住不下去了，只好辭別劉志略和無盡藏比丘尼等，離開韶州曲江。那到哪裏去棲身好呢？他想起了師父五祖弘忍臨別時"逢懷則止，遇會則藏"的囑咐，於是繼續往南走。慧能披星戴月，風餐露宿，跋山涉水，經過近一個月的長途跋涉，最後終於到了有"懷"字的地方停了下來，到了有"會"字的地方隱藏起來。這懷、會是甚麼地方呢？也就是今天廣東省懷集縣和四會市那一帶。

唐代的懷會地區，山高林茂，人煙稀少，慧能覺得這裏是隱匿藏身、逃避追殺的好去處。在懷集冷坑上愛嶺的山頂上，有個巖洞叫龜嘴巖，站在洞前向下俯瞰，阡陌交錯，一馬平川。慧能就決定暫時在洞裏棲息。附近上山打柴的村民和獵戶見慧能憨厚老實，而說起話卻頗有靈氣，因而都喜歡他。按照《壇經》等一些文獻的記載，慧能在懷會期間主要是跟打獵的人在一起，跟上山砍柴的人混在一起。久而久之，慧能就與他們混熟了，成了獵人隊伍中的一員。

也許有人會問：慧能是第六代祖師，卻成了獵人，兩者不是很矛盾嗎？不是的，一方面，慧能就是利用獵人的身份來掩護自己、保護衣缽這一聖物，誰也不會懷疑獵人隊伍中有中國禪宗第六代祖師；另一方面，慧能也利用這個機會來實踐體驗和宣揚佛法。慧能在這段時間的言行就證明了這一點。

與獵人相處了一段時間，獵人們已經非常信任他，他們知道慧能不會狩獵，就讓慧能看守獵網，叮囑他如果有獵物被網住就收起來。但是六祖慧能每次看到網住獵物的時候，就想到“眾生平等，眾生是佛”的佛理，想到“不殺生”的佛教戒律，因而都把被網住的獵物偷偷放掉。

到燒飯的時候，都把肉和菜放在鍋裏一起煮，當獵人吃肉的時候，六祖慧能卻只吃青菜。其他人都覺得奇怪，就問他為甚麼不吃肉，慧能說：“我只喜歡吃肉邊的菜，已經習慣了。”因此方誌裏還有“肉邊菜”或“鍋邊菜”的記載。而且六祖慧能利用這個機會，經常跟一些上山打獵砍柴的人講佛法的道理，勸打獵的人應該多種點蔬菜、稻穀來吃，不要打獵殘害生靈。

六祖慧能在懷會一帶，白天勞動，晚上修行佛法，由於長期素食，且在青山綠水中生活，空氣清新，還經常採集山草藥服用，所以身體雖然不算碩壯，倒也非常健康。附近的村民也覺得奇怪，慧能住在山上巖洞，卻從來不生病，因而把他視為郎中，有甚麼不適病痛，都請慧能診治。而慧能也樂意為平民百姓治病，實踐普度眾生、行善積德的佛禪理論，並利用一切機會向廣大百姓宣揚佛法。

懷會大地的山山水水都留下六祖慧能的足跡，同時也流傳着許多有關六祖慧能的動人故事：

"出米洞"的傳說：六祖慧能在上愛嶺龜嘴巖居住期間，生活環境非常艱苦，有時連吃飯都成問題。但慧能並不畏懼，堅持在艱苦的生活中修行佛法，而且樂善好施，經常把自己僅有的一點點糧食接濟一些有難的貧民。他的精神感動了上蒼，於是，上帝在龜嘴巖開出一個小洞，每日流出白花花的大米，但流出來的大米僅夠慧能一人食用。這樣就解決了慧能的吃飯問題，讓慧能有更多的時間和精神去體悟和宣揚佛法。

後來，慧能離開了懷會到了廣州，但上蒼還不知道，原來的小洞仍然每天流出大米。有一天，一位農夫上山路過龜嘴巖，見到小洞中流出大米，非常高興，把米裝回家，一連幾天。但這位農夫太貪心了，他嫌洞口太小，流出的大米不多，於是他帶上錘鑿來到龜嘴巖，把小洞口鑿大，結果，洞口流出的不再是白花花的大米而是涓涓的泉水。佛法的道理很明白：做甚麼事都要有善心和慈悲心才能長長久久，而貪心、惡行最終會受到懲罰。

善惡有報

關於慧能在懷集上愛嶺龜嘴巖居住時"出米洞"的傳說，無非是想讓人們懂得這樣的道理：只要你堅持做好人好事，樂善好施，佛祖是會看見知道的，他就會幫助你；但如果貪婪、做壞事，佛祖同樣也會看見知道，他就會懲罰你，這就是佛教所說的善有善報，惡有惡報，也許冥冥之中，說不定真有這種報應關係。所以，我們只要做好人、做好事就一定會有好的果報。

為了紀念六祖慧能，到了宋代，人們就把上愛嶺的龜嘴巖改名為六祖巖，一直沿用至今天。而且在懷集還有六祖禪院、六祖井、華光寺六祖禪室、無字碑等有關六祖慧能的遺跡。各位如有機會可到懷集去看一看。

扶盧山因六祖慧能而得名：四會原來有一座山叫葫蘆山。六祖慧能在懷會一帶期間，除了在懷集上愛嶺龜嘴巖棲息外，還經常往來於四會葫蘆山一帶，所以《六祖壇經》中說慧能在四會隱藏了十五年。由於葫蘆山山高林茂，人煙稀少，經常有飛禽猛獸出沒，傷及村民，成了一大禍患。六祖慧能見到這種情形，就運用佛法，生擒巨蟒、降伏猛虎，為民除害。從此，葫蘆山一帶再無猛獸傷人，山民們終於可以安居樂業。

同樣，六祖慧能在葫蘆山期間只要有空閒便修煉佛法，還利用一切機會向周圍的百姓宣揚禪法。這裏還流傳着六祖慧能點化阮公聖佛的故事。

阮公聖佛名子郁，北宋元豐二年（1079）正月初九生於陶塘鋪周村，年少時沉默少語，但聽到梵音卻異常興奮並能解之。因父母早亡而隨姐生活，在姐姐家牧牛，早出晚歸，喜歡獨自一人尋找清幽的地方靜坐。有一天，他夢見六祖慧能與其說法，他應聲說道："平生修得成明鏡，不受人間半點塵。"六祖慧能知其悟性不凡，於是點化一處鳳凰地囑他修行。他便向姐姐要了一盆水沐浴，沐浴後徑往鳳凰地，再不回家，其姐和村民入山尋找，忽有一頭白牛奔出，眾人隨之追逐，竟見一群牛環跪於荔枝樹下，再仰望之，只見阮子郁已於樹頂上坐化，時年僅 24 歲。眾人均說阮公舉止與眾不同，定是已修煉成佛，於是將其遺體裹漆防腐，裝飾佛相，置於眾緣寺（後改稱寶林寺），讓人供奉。後在阮公原籍也建有蓮花寺祀阮公。從此，四鄉村民供奉阮公聖佛虔誠備至，香火不絕。（參考程昌良《六祖惠能頌》）

所以，四會的民眾很崇敬六祖慧能。為了紀念這位禪宗的祖師，在唐代的時候，他們就把葫蘆山更名為"扶盧山"，意為扶助盧氏，因為慧能姓盧。人們還在扶盧山上建了六祖庵，祭祀六祖。後因年久失修，風雨侵蝕而坍塌。到清嘉慶十四年，即公元 1809 年，民眾捐資重修，改名為六祖寺,從山上移址至山腳,更方便信眾祭拜。當時有一位鄉賢叫盧應中,專門寫了《重修六祖寺記》,記述重修的經過。到了清末,六祖寺僅剩前後殿結構,其餘均為殘垣斷壁。1997 年,四會重建六祖寺,並移址於秀麗的貞山風景區。重建後的六祖寺是一座巍峨恢弘的寺院,可能是以"六祖"作為寺名的最大的廟宇。

六祖慧能在懷會一帶十五六年,由於慧能在此之前,未受過系統的佛教理論的教育,而在此之後他弘法幾十年,尤其是《六祖壇經》卻有豐富的禪理,所以有人認為六祖慧能在懷集四會那一帶十五六年,實際上就是六祖慧能參悟禪理,完成他的南宗禪理論的一個時期,也是他把自己的佛法、理論來實踐的時期。這一時期,對他的人生來說是很重要的。

法性寺論戰

　　六祖慧能在懷會一帶度過了十五六年的光景，時間不短了。有一天，他打開布包，看着五祖弘忍傳給他的菩提達摩祖師從印度帶來的衣鉢袈裟，不禁想起師父五祖弘忍臨別時的囑託，想到了自己第六代祖師的身份，更想到了弘揚佛法、普度眾生的重任和責任。隱藏避難何時了，出山弘法正其時。於是，他決定離開懷會一帶到廣州去。唐儀鳳元年，即公元676年，六祖慧能背起行囊，一身行者的裝束，離開了懷集、四會一帶，前往廣州。這一年，六祖慧能 39 歲。

　　六祖慧能在前往廣州途中，路經三水，先後在華巖寺、和光寺掛單住宿，後在寶月堂駐錫了一段時間。當時適逢大旱，不但農田缺水，連鄉民飲用水都有困難。六祖慧能目睹這一情況，於是召集村民在寶月堂附近打了一口井，只見泉水頓時湧出，長流不息，且水質甘甜，解決了村民的用水困難。後來村民在井旁建亭立石，刻上 "西來別派" 四字。六祖慧能離開三水往廣州後，鄉民感六祖大師恩德，把寶月堂擴建，又稱為六祖廟，周圍的人越來越多，慢慢地形成了墟期集市，稱為 "寶月堂墟"，一直沿用至今。到南明永曆年間，重修寶月堂，在《修建寶月堂碑序》中，有 "嘗謂悠久，莫過於天地，與天地而同悠久者，佛之光神之靈也。論西竺而恆河沙數，溯中原則以南宗為鼻獲其傳。身托曹溪，法來定慧玉容，南華之宇，寶月之墟" 等語，還刻有詩三首：

託始原來佛郎人，即人即佛現其身。

身身自在還成佛，佛法相傳不惹塵。

人可佛兮佛自人，南宗知是我前身。

當年供佛今修寺，同是甘辛不染塵。

久羨佛陀一佛人，且現金相現真身。

曹溪知事傳流遠，鼎建維新迴俗塵。

　　至清道光三年重修，南海人梁汝槐題寫了“寶月堂”匾額和楹聯：“發界真宗疊顯竹山翻貝葉圓明大鑑重光寶月映菩提”，至今猶存，清晰可見。而另一門聯：“寶月清輝，披覽人同珠並朗禪山迢遞，皈依心與石齊堅”則已被拆毀，今僅見“禪山”兩字。

　　六祖慧能在三水期間，還留下一個美麗的傳說：有一天，他繞着雲東海湖邊行走，當行至現今南邊鎮時，忽然看見一道美麗的霞光在黑石崗一閃即逝，這是怎麼回事呢？他就來到黑石崗，站在一處較平坦的山坡上，只見對面一塊大巖石上祥雲環繞，時隱時現，並伴有鼓樂聲，但當他走近大石時，祥雲和樂聲頓時消失。六祖慧能想探個究竟，於是，他就在這山坡上住下來，每天天剛放亮，他就敲響隨身攜帶的小鐘，對着大巖石誦唸經文，餓了就採摘山上的野果充饑，待太陽下山後，他又敲一陣小鍾，才結束一天的誦經。就這樣，過了七七四十九天，這天早上卻出現了奇觀，只見天上降下朵朵彩雲，無數的仙子載歌載舞，大巖石上頓時出現了如來佛祖安詳涅槃的景象。一股暖流在慧能心裏湧現，他心裏想：我窮盡一生，求的不就是這一刻嗎？於是他快步走到大巖石前，一股清泉噴湧而出，他喝了幾口泉水後，頓感精神百倍，數天來的疲憊一掃而光，豁然覺悟。後人為了紀念六祖慧能大師與三水的因緣，就在六祖慧能當年住過的山坡上建了望佛亭，把大巖石雕鑿成一尊大臥佛，供遊人禮拜。

關於六祖慧能在三水這段經歷，其他文獻均沒有記載，上文所述是根據《三水文史資料》和三水臥佛像說明整理而成。但是，如果從地理交通來說，三水位於四會與廣州中間，從四會到廣州，取近道必須經過三水，所以，慧能當年離開四會前往廣州，途經三水停留一段時間是完全有可能的。

六祖慧能後來又離開了三水前往廣州，來到了嶺南佛教的重鎮——廣州法性寺。

法性寺是嶺南的一座古剎、名剎，也就是今天光孝寺的前身，歷史很悠久，曾經有"先有光孝，後有羊城"的說法。原是漢時南越王趙佗玄孫趙建德的舊宅。三國時吳國虞翻被流放到廣東，就居住於此，因院裏種了許多訶子樹，所以時人稱為虞苑，又叫訶林。虞翻死後，其後人就把宅院施捨為寺院，叫制止寺。東晉隆安年間，即公元 397－401 年，罽賓國三藏法師曇摩耶舍雲遊到廣州，於此地建了大殿五間，奉旨翻譯佛經，改名為王苑朝延寺，又稱王園寺。劉宋武帝永初元年，即公元 420 年，印度僧人求那跋陀羅來到這裏建立戒壇。梁天監元年，即公元 502 年，印度僧人智藥三藏從海路來到這裏，並從印度帶來菩提樹一株種在戒壇旁。菩提達摩於梁武帝普通元年來到廣州時，也曾在這裏駐錫過。陳武帝永定元年，即公元 557 年，西印度很有名的法師真諦雲遊來到廣州，曾應刺史歐陽氏之請也居住在這裏，翻譯佛典經論四十多部。到唐太宗貞觀十九年，即公元 645 年，改王園寺為乾明法性寺。宋高宗紹興七年，公元 1137 年改名為"報恩廣孝禪寺"，紹興二十一年，公元 1151 年，又把"廣"字改為"光"字，自此光孝寺之名一直沿用至今。

所以，法性寺曾吸引了不少名僧大德，很多著名的佛教典籍的翻譯也在這裏完成，而六祖慧能的到來，更是給這座古老的名剎增添了濃重的一筆。

六祖慧能一踏入法性寺的山門，首先看到的是當年智藥三藏種植的、至今仍枝繁葉茂的菩提樹。他撫摸着這棵菩提樹，似乎前世與今生都與它有緣。慧能又來到大雄寶殿，只見一位法相圓潤的法師在講經，殿內座無虛席，數百僧俗在靜靜地聆聽。這就吸引了六祖慧能，他便悄悄地走到後排坐下聽了起來，周圍的人都沒有覺察。

原來，講經者是法性寺有名的法師，名叫印宗，他原籍吳郡，即今江蘇吳縣。印宗自幼出家，專門學習研究《涅槃經》。唐代咸亨元年，即公元670年來到京城長安，唐高宗曾詔他入大敬愛寺居住，但他辭請不赴。後來到湖北黃梅五祖寺師從五祖弘忍，成了五祖弘忍的入室弟子。但過不了多久，他又辭別五祖，離開黃梅，到廣州法性寺，擔任法性寺的主講，成了遠近聞名的法師。六祖慧能到來這一天，印宗法師正好在講《涅槃經》。

印宗法師講經，席間休息，僧眾們走出大殿，一陣清風迎面吹來，僧眾們看見殿前的佛幡像旗幟一樣，在清風的吹動下飄來飄去，於是就佛幡飄動的問題議論開來：這佛幡飄來飄去，到底是佛幡飄動還是風吹着飄動。有人說是風動而不是幡動，如果沒有風吹的話幡動不起來；有人說不是風動，是佛幡在飄動，如果沒有佛幡，風再大也沒有東西動。你我各自堅持己說，誰也說服不了誰。印宗法師在聽他們議論卻沒有發表意見。而六祖慧能聽到他們的議論卻暗自好笑，覺得雙方所言都未識心見性，於是就站出來對大家說："你們說的都不對，既不是風動也不是幡動，而是你們的心在動。"大家見到這個衣衫襤褸、貌不驚人的瘦小漢子，竟然講出如此精彩、如此有禪理的話，個個都目瞪口呆，覺得慧能的解釋很不一般，於是僧眾們都紛紛圍過來，爭相看看這位匆匆而至的陌生行者。這便是佛教禪宗史上著名的"風幡之議"的經典故事。至今光孝寺裏還有一個風幡堂以紀念六祖慧能。許多佛教禪宗文獻都有記載這故事，後來很多騷人墨客、高僧大德都有描寫這一故事的詩文。

🐷 心是萬法之源

　　"風動幡動"的故事，是六祖慧能大師的真實思想。慧能強調心的作用，心是萬法之源。你的心覺得佛幡在飄動，那它就是"幡動"，你的心覺得佛幡是被風吹動的，那它就是"風動"，關鍵是你的心怎樣想。所以，在日常生活中，我們的心起指揮作用，有好心就會成為好人，有歪心、惡心就會變成壞人，我們就得首先把自己的"心"調理好。唸佛修禪，說到底就是修"心"。

剃度受戒

　　一直在旁邊沒有發表意見的印宗法師聽到六祖慧能的話，就知道這個人非同尋常，便上前把六祖慧能請至上座，並提出一些佛經中深奧的問題請教慧能，六祖慧能不假思索，用很簡潔的語言對印宗的問題一一解答。印宗聽後佩服得五體投地，便對慧能說："行者真是個非同一般的人，請問您是跟誰學法的？"慧能回答說："我是在黃梅五祖寺跟隨五祖弘忍大師學法的。"印宗忙問："早就聽說五祖衣鉢、佛法已經南傳了，是不是傳到你那兒去了。"慧能很謙虛地說："不敢當，正是傳到我這兒來了。"印宗聽後，立即向慧能行禮，並請慧能把五祖所傳衣鉢拿出來給大家看。

　　於是，慧能小心翼翼地把包袱打開，祖傳衣鉢頓時呈現在眾人面前，眾人看見這佛教禪宗的無上聖物，爭相瞻仰禮拜。

　　印宗法師又問："五祖弘忍大師傳授衣鉢給你時，有沒有其他別的指示？"慧能說："五祖大師並無甚麼指示，只是教導如何認識本性，因為人性就是佛性，只要見性便可成佛。所以，五祖沒有特別說禪定和怎樣解脫的問題。"印宗覺得很奇怪，又問慧能："為何不講禪定解脫呢？"慧能就說："因為佛法是不二之法，而禪定和解脫是兩種方法，不是佛法。"印宗繼續追問道："甚麼是佛法的不二之法。"慧能說："法師剛才正在講《涅槃經》，就應該知道佛性就是佛法的不二之法。舉一個例子，高貴德王菩薩曾問佛：有些人犯了殺生、盜竊、邪淫、撒謊這四重禁，有些人犯了殺父、殺母、害阿羅漢、鬥亂僧眾、惡意中傷如來等五逆罪行，更有一些不信佛法的一闡提人，他們是否斷了善根和佛性呢？佛回答說：善根有兩種：一種是永恆不變的，一種是隨時都會變易的。而佛性既不是永恆不變，又不是隨時變易的，所以這些人的佛性是不會斷絕的，這就叫做不二之法；一種是善，一種是不善，而佛性既是不善，也不是不善，所以稱為不二之法。五蘊和十八界，凡夫俗子所見到的是兩種東西，而有智慧的人卻體悟到兩種東西無本質的區別，沒有區別、平等一致的本性，就是佛的本性。"

印宗法師聽後非常高興，向六祖慧能合什行禮，並說："剛才聽了大師的一席話，才知道我所講解的只是片言隻語。一般的佛經文句，就像破瓦片和碎磚頭，你所講的才是佛教的宗旨，才是金玉良言，像金銀一樣珍貴。"為了讓六祖慧能能夠名正言順地弘揚佛法，印宗法師決定親自為六祖慧能剃度和受具足戒。

公元 676 年，即唐儀鳳元年正月十五，這一天風和日麗，廣州市附近的僧眾和善男信女紛紛來到法性寺，目睹禪宗第六代祖師慧能剃度出家。只見六祖慧能安逸地坐在法性寺的菩提樹下，印宗法師手執剪刀，口中唸誦着阿彌陀佛頌辭，為慧能剃髮。慧能的頭髮是禪宗祖師的聖髮，法性寺僧眾為了保存好慧能的聖髮，把六祖慧能剃下的頭髮瘞埋在菩提樹下，後來印光法師還籌集資金建了一座瘞髮塔，用來供養慧能的聖髮，並寫了《瘞髮塔記》記述了當年六祖慧能剃髮的過程。其中有這麼一段話：

昔宋朝求那跋陀羅三藏建成茲戒壇，預識曰：後當有肉身菩薩受戒於此。天監二年，又有梵僧智藥三藏航海而至，自西竺持來菩提一株，植於戒壇前。立碑：吾過後一百七十年，當有肉身菩薩來此樹下，開演上乘，度無量人。

二月初八日，印宗法師又請來了西京的智光律師為授戒師、蘇州的慧靜律師為羯摩師、荊州的通應律師為教授師、中天竺的耆多羅律師為説戒、西國的蜜多三藏為證戒，在法性寺戒壇親自為慧能舉行了隆重的受具足戒儀式。

自此，慧能才真正出家，成為名副其實的佛家和尚。

印宗法師為慧能剃度受戒後，立即拜慧能為師，成了六祖慧能的弟子。

現在，光孝寺還有供養六祖慧能頭髮的瘞髮塔，還有那棵神聖的菩提樹，各位如有機會可到廣州光孝寺去瞻仰參拜。

六祖慧能受戒的戒壇，就是印度僧人求那跋陀羅三藏於劉宋武帝永初元年，即公元 420 年來到法性寺時所建的戒壇。他在建壇時曾留下了一個預言，説往後有一個肉身菩薩在這裏剃度受戒，果然應驗了。

六祖慧能在樹下剃髮的那棵菩提樹，就是印度僧人智藥三藏於梁天監元年，即公元 502 年，來到法性寺，把從印度帶來的菩提樹的樹苗，種植在戒壇旁邊的那棵菩提樹，他在種樹時也留下一個預言，説一百七十年以後，有一位肉身菩薩在這棵菩提樹下剃髮，開演上乘。也果然應驗了。

六祖慧能在法性寺剃度受戒、正式出家的日子是二月初八日，正是佛祖釋迦牟尼出家的紀念日，也是六祖慧能自己的生日。看似是一種無意的巧合，實則是一種內在的佛緣。

六祖慧能在法性寺剃度受戒出家，正式弘法。只見他身披袈裟，安坐在菩提樹下，向僧眾們講經説法，周圍信眾也越來越多。就這樣在法性寺度過約一年的時間。

擴建寶林寺

　　有一天，六祖慧能突然想起了北上黃梅時在韶州曲江的結拜兄弟劉志略，想起無盡藏比丘尼誦唸《涅槃經》的神態，想起了在黃梅接法後回到曲江時眾鄉親的熱情，想起了在曲江被人追殺時躲在石縫中避難的情形，同時也想起了曲江曹溪的寶林寺。慧能覺得，那裏才是弘揚佛法、宣傳禪宗的好地方啊。於是，他決定離開廣州法性寺，北上韶州曲江曹溪寶林寺弘法。印宗法師一聽慧能要離開這裏，很焦急，想盡一切方法挽留慧能。但慧能主意已定，怎樣挽留都留不住，後來沒有辦法，印宗法師就率領一幫弟子，還有信眾，按文獻記載說大概有一千多人，浩浩蕩蕩地把六祖慧能送到韶州曲江曹溪寶林寺。

　　而在韶州曲江的官員、信眾和百姓，聽說六祖慧能回來，都興高采烈，奔走相告，他們都在為慧能的回來做準備。在慧能回到曲江的這一天，當地的官員、僧眾、善信成千上萬在寶林寺前的大路兩旁，列隊歡迎，彩旗招展，人聲鼎沸，好一派熱鬧場面。

　　韶州曲江曹溪寶林寺，面向曹溪水，背倚寶林山，也是嶺南的古寺，被譽為東粵第一寶刹，它的開山祖師就是西印度僧人智藥三藏。據記載，智藥禪師於南北朝梁武帝天監元年從海上來華，在廣州法性寺種下了從印度帶來的菩提樹後，又北上來到了曲江，因為一路行走而口渴，便捧了一口溪水來解渴，飲後甘香留齒、潤咽澤喉，他認為這裏的溪流與佛祖西天的河流景色很相似，溪流的源頭必然有寶地適宜建立廟宇。於是，他便溯溪而上，來到寶林山，只見那裏山水環繞，峰巒奇秀，大加讚歎這裏"宛如西天寶林山也，堪為少門修道所"。他向當地鄉民倡議在這裏建一座寺院，起名為寶林寺，並建議地方官員奏請梁武帝批准。到天監三年，即公元 504 年，寺廟落成，梁武帝親自賜額"寶林寺"。韶州刺史侯敬中問智藥禪師為甚麼寺名叫"寶林"。智藥回答說："吾去後一百七十年，有無上法寶於此地弘化，有學者如林，故號寶林。"一百七十年後，六祖慧能回到曹溪寶林寺弘法，應驗了智藥三藏的預言。

經歷了風雨侵蝕的寶林寺，到隋朝末年被兵火所毀，遂至荒蕪。在慧能北上黃梅得法遁回嶺南途經曲江時，當地曾修復寶林寺，請慧能居住，但此時慧能尚未受戒出家，不能公開弘法，且又被惡人追殺，故離開寶林寺逃往懷、會。

唐中宗神龍元年，即公元 705 年，敕改寶林寺為中興寺。神龍三年，唐中宗親自賜額"法泉寺"，並下詣要韶州刺史重加修飾，後又曾改名為廣果寺。至唐玄宗時改名為建興寺，唐肅宗時改為國寧寺，唐宣宗時改為南華寺。

五代十國時期，南漢殘兵乘機作亂，禍及南華寺，大半的寺宇殿堂被毀。至宋初，宋太祖復興寺院，敕額名曰"南華禪寺"，自此，南華之名沿用至今天再沒有更改過。這便是從寶林寺演變為南華寺的大概。

六祖慧能回到了寶林寺之後，他的影響越來越大，慕名前來的信眾也越來越多，而且，據載慧能離開廣州法性寺時，也有幾百人跟隨慧能來到寶林寺。這樣，寶林寺難以容納那麼多人。所以六祖慧能決定擴建寶林寺。正是因為六祖擴建寶林寺的舉動，引出了向陳亞仙借地的故事。

韶州曲江有一個有錢人家，這個人叫陳亞仙，寶林山附近都是他的地方。六祖慧能要擴建寶林寺，首先就得向陳亞仙要地。於是六祖慧能親自上門拜訪陳亞仙，對陳亞仙說："寶林寺現在人多，住不下，我想借你的一塊地來擴建寺廟，不知施主是否願意借給？"陳亞仙就問："你要多大的地方？"六祖說："我要的地方不大，大約就是一個蒲團那麼大就可以了。"大家想想，和尚坐的那個圓圓的蒲團有多大？陳亞仙聽六祖慧能說只要這麼小的地方，不假思索就滿口答應，對六祖說："行啊，隨便你挑，哪塊地都可以。"六祖慧能於是就把蒲團往上一拋，只見這個蒲團慢慢地往上升，而且越來越大，蒲團的陰影把整個寶林山都罩住了，蒲團上面四大天王坐鎮東西南北四方，今南華寺內的天王嶺，就是因這個故事而得名。陳亞仙一看到這個情景驚呆了，急忙對六祖慧能說："剛才對和尚無禮，萬望恕罪，現在我知道和尚真的是有道高人，法力無邊廣大，你要多大的地我都給你了，也算是我做善事，為子孫積陰德。但是我有一個小小的請求，因為我的祖先墳墓在裏頭，如果你擴建寺院，能不能把我的祖墳留下來不要移走。"六祖慧能雙手合什，首先謝過陳亞仙，然後說："可以把您的祖先墳墓留下來。"所以，現在南華寺裏面，還有陳亞仙先祖的墳墓。可能大家都參觀過其他地方的寺廟，像南華寺有一個俗家人的墳墓在裏面確實很少，南華寺可能是獨一無二的了。

得到陳亞仙慷慨施捨，於是，六祖慧能大興土木。在建殿堂的過程中，還引出六祖解救九條龍的傳說：相傳大禹治水的時候，捉住了九條為害百姓的惡龍，鎖在嶺南的深潭之中，要這些惡龍悔過自新，好生修行，等三千年後會有佛來解救。三千年後，正好六祖慧能來到曹溪弘法，擴建寶林，卻缺八條大柱木料，他又不忍心砍伐山上的千年古樹。一日，六祖慧能來到寺後的水潭邊，用泉水洗袈裟，忽然潭中金光四射，轟隆一聲，九條大龍躍出水面，叩謝六祖解救之恩。但九條龍看見六祖似有心事，便問原因。六祖說："我正在建大雄寶殿，需要八根大柱木料，到現在還未找到。"九條龍聽後便向六祖行禮作揖說："我們以前為害人間，罪孽深重，正想立功贖罪，如大師不嫌棄，我們願變作木料做大柱，這樣就能時刻聽到大師講法了。"還未等六祖回話，九條龍便消失了，過了一會，只見泉水中流出一條條粗大的木材，當第八條流出後，六祖忙說："夠了，夠了。"最後一條叫黃河龍，見六祖大師不要了，頓時淚流滿面。六祖見黃河龍金黃可愛，便說："你如果願意就變成黃藤，我用來繫袈裟。"黃河龍聽後搖身一變，即成了一條黃藤，繫在六祖袈裟上。後人就把這潭清泉稱為"九龍泉"。

六祖慧能大師帶領弟子信眾們共建了院舍 13 所，使寶林寺成為規模宏大的佛禪道場。

●"四大天王"傳說

六祖慧能擴建廟宇引出的四大天王和九條龍的故事，當然是一個傳說。四大天王，即東方持國天王、南方增長天王、西方廣目天王、北方多聞天王，是屬於龐大護法軍團中的天神，我們平時進入寺廟，大多數的大門兩旁都有四大天王。但這些傳說故事，無非傳遞出這樣一個道理：你做善事、好事，冥冥之中，可能會有其他外在的力量來幫助你，讓你成功。

大梵寺升座開壇

六祖慧能擴建了寶林寺後，他大開法筵，倡導禪宗頓教法門，影響越來越大，弟子和信眾也越來越多。自此，中國佛教揭開了新的一幕。

有一天，韶州刺史韋琚輕車簡從，前往曹溪寶林寺，禮請六祖慧能到城中的大梵寺為廣大信眾開壇說法。

韶州城中的大梵寺，是現今大鑑寺的前身，始建於唐初，後改名開元寺，因六祖慧能在這裏為大眾說法，慧能圓寂後被賜封為"大鑑禪師"，為紀念六祖而又把大梵寺更名為大鑑禪寺。

唸佛修禪的最終目的

中國儒學有"人之初，性本善"的說法，六祖慧能所講的人的自性和本心，本來是覺悟的、清淨無污染的，道理也是一樣。也許人們會問，既然人心和本性生來就是清淨無染的，那麼，是不是就不需要修心、養性呢？不是的，人心和自性在不同的環境和世俗的變化中會受到影響和污染，變得不清淨，人心如果不清淨就會生出惡念來，就會做壞事，這就是有壞人、惡人出現的原因。但是這些壞人、惡人也能夠通過修心、養性來清除心內的污染，還原他本來就是清淨的心。所以，在現實生活中的人，必須要注意兩點：一是時時、事事、處處都要防止自心被污染；二是自心受了污染，犯了錯也不要怕，只要你有錯就改，清除心中的雜念，就會回復清淨的心，一樣是好人。唸佛修禪的最終目的就是讓人們保持清淨的心性。

六祖慧能在韋琚等人的接引下來到大梵寺，升座開壇説法。當時的聽眾很多，據《壇經》所説，有刺史韋琚和官員三十多人、儒生學士三十多人、出家僧尼和在家的善男信女一千多人。他們一齊向六祖慧能行禮，親身聆聽六祖慧能説法。六祖慧能向大眾説：“各位善知識，你們都且靜心，默唸摩訶般若波羅蜜。”隨後，六祖大師首先自己靜心默唸。過了好久，然後對眾人説：“各位善知識，人的自性和本心，本來是覺悟的，本來就是清淨無污染的，只要你們運用這樣清淨的心，就會當下了悟，悟道成佛。”接着，六祖慧能把自己的生平經歷、接法覺悟的經過和自己講經傳法的因由，毫無保留、原原本本地講給聽眾。這就成了宗寶本《壇經》第一品即《行由品》的主要內容。

第二日，韋琚繼續請六祖慧能大師在大梵寺升座講法。這一天，六祖大師講了《壇經》中的第二品即《般若品》，也就是講大智慧，人們有了大智慧才能到達彼岸。

大眾聽了六祖大師的説法，都覺得收益很大，得到了開悟。於是眾人再次向六祖慧能大師作揖禮拜，齊聲讚歎我們嶺南誕生了一位肉身真佛。

六祖慧能一連幾天在大梵寺開壇説法，聽眾熱烈踴躍。為了答謝六祖，韋琚擺設了一個大齋會，請他解答疑難問題。

韋琚問：“和尚所講的是不是菩提達摩的宗旨？”

六祖説：“是菩提達摩的宗旨。”

韋琚問：“昔日梁武帝問菩提達摩，説自己建那麼多寺廟，布施財物廣設齋會，有沒有功德，達摩説沒有功德，這怎樣解釋呢？”

六祖慧能説：“梁武帝實無功德，你們不要懷疑祖師先聖的話，因為梁武帝心不正，有邪見，還未認識真正的法性。他建寺廟度僧人，布施財物設齋會，只是追求福報，而福報與功德是不同的。功德本來就在法身之中，不是靠修福得來的。"

哪甚麼是功德呢？六祖慧能説："能徹見體悟自身的本性就是功，懂得和持行佛性人人平等就是德。念念之間暢通無礙，時刻了見自己的本性，在言行中運用，這就叫功德。內心裏謙虛就是功，行為有禮就是德；從自己的本性中生出萬種佛法就是功，身心遠離妄念就是德；時刻不離自己的本性就是功，在實際運用中沒有污染就是德。如果想得到功德法身，只能按照這樣去做，才是真正的功德。修功德的人，心裏就不會輕視別人，對待一切都尊敬有禮。如心裏輕慢別人，自己固執偏見，自然無功，自己的心性狂妄不誠實，也就無德……功德必須要從自己的本性中去求，靠布施供養是求不到的，所以福德與功德是不同的，梁武帝不懂得這一真理，並不是我菩提達摩祖師講錯了。"

🐷 何為 "功德" ？

這裏，六祖慧能講到了布施與功德的問題，這是在現實生活中碰到的一個大問題，即是説，給了香火錢會不會有功德？現在每間寺廟，門口都有一個功德箱，只要你放入錢財，似乎就有功德了，實際上是不可能的。按照六祖慧能的開示，給了錢不一定會有功德，得到的只能是福德，而福德與功德是不同的，功德不是靠給錢就可以得到的，這一點，似乎人們都不明白。因為功德是在人的內心裏，如果你的心不好，哪怕是施捨全部的身家財產，也得不到功德，這一點，佛祖在《金剛經》裏講得更詳細，大家可以讀一下。

那麼，怎樣才能有功德呢？簡要地講：第一，你首先要有一顆好心；第二，要對別人好。這兩點都做到了你就有功德。也許有人會問，既然施捨錢財得不到功德，那是不是不需要布施呢？不是的，佛教理論中講六度，即布施、持戒、忍辱、精進、禪那、智慧，布施居首位，布施既幫助他人，也陶冶自己，佛經說所有功德皆從布施得。但布施有無相布施和有相布施之分，所謂無相布施是要求布施的人不要執着，不要帶有任何功利目的去布施，相反則是有相布施，而有相布施卻是不真實的，因為《金剛經》說"凡所有相，皆是虛妄"，不真實的布施當然算不上是布施了。如果再細分一下，布施又分法施、財施和無畏施三種。佛祖和六祖大師都強調無相布施和法布施。

現實生活中，很多人的布施沒有按照佛祖和六祖的要求去做，表現在兩個方面：一是有相布施，就是帶有功利目的去施捨錢財，如有的人犯了罪，希望通過布施來減罪；有的人為了求財、求子、求學等等才去布施，這樣不但得不到功德，連福德也不會有。為甚麼？因為有相布施是不真實的、虛妄的。第二，混淆了法布施和財布施，以為施捨一些錢物就可以得到功德了，施捨錢財只是財施，財布施是不可能有功德的。

所以，我們必須要按照六祖慧能的開示去做，不要帶有絲毫功利目的色彩去布施，以佛法道理去度己和度人，這才是無相布施和法布施，才能功德圓滿。

韋琚問："我們平時都唸阿彌陀佛，希望將來往生西方，真的能夠往生西方嗎？"

六祖說："世尊在舍衛城說，如果從接引化度的經教文字看，西方分明是距離很近，如果說路程里數，則有十萬八千里，也就是人身上有十種惡行和八種邪念，西方離這裏就很遠了。說遠是從下根來說，說近是從上智來說。……東方人心裏清淨也就沒有罪過，西方人心裏不清淨也有罪過；東方人有罪唸佛追求往生西方淨土極樂世界，那麼，西方人有了罪唸佛求生甚麼地方呢？"眾人聽後均點頭稱是。

韋琚又問："和尚說不一定要到寺廟去修禪，在家修禪也可以，在家裏怎樣修禪呢？"

六祖說："我給大家講一首《無相頌》，你們按照這個頌去修行就無論在甚麼地方都一樣，如果不依此修行，即使是剃度出家在寺廟也沒有甚麼益處。"六祖慧能這首《無相頌》是這樣的：

> 心平何勞持戒？行直何用修禪？
> 恩則孝養父母，義則上下相憐。
> 讓則尊卑和睦，忍則眾惡無喧。
> 若能鑽木出火，淤泥定出紅蓮。
> 苦口的是良藥，逆耳必是忠言。
> 改過必生智慧，護短心內非賢。
> 日用常行饒益，成道非由施錢。
> 菩提只向心覓，何勞向外求玄？
> 聽說依此修行，天堂只在目前。

慧能講完後，再三囑咐眾人要按這首頌來修行，並說："我回曹溪後，如你們有疑難問題，可隨時來問。"眾人聽後，再次感謝六祖的開導啟悟。

🗨 心即是佛

在六祖慧能的眼裏，西方不一定是淨土，佛像不一定要頂禮膜拜，修禪不一定要到寺廟。為甚麼？關鍵在一個字——心。你的心清淨無染，你有一顆好心，就不管在甚麼地方都是淨土，不管是在甚麼地方都是道場，不管你拜甚麼都是拜佛，而且你的心清淨無染，你自身就是佛，還要拜甚麼佛像？不如拜自己。相反，如果你的心不乾淨、有污染，心不誠，即使住在佛祖釋迦牟尼覺悟的菩提樹下、出家住在寺廟裏天天對着佛像叩拜也徒勞，也不會有好處。時下不少人拖兒帶女到廟堂裏對着佛像五體投地，如果出於禮貌這是應該的，但想得到甚麼好處，許個甚麼心願，那是不可能，因為佛只要求你有一顆好心就行，卻不會給你東西，你心好了就會擁有一切。

六祖大師這首《無相頌》更是教你怎樣做人、怎樣培養人的良方妙藥。你有一顆平常心，還需戒這戒那嗎？你的行為正直還需要修甚麼禪？學佛修禪說到底就是要把人培養成言行正直，保持平常心態的人。六祖在這首偈中所強調的"心誠"、"心善"、"心好"、"行直"、"行善"、"積德"以及孝、義、忍、讓等等，本來就是現實生活中很通俗的道理，只要你按照這些道理去做，不管你在甚麼地方，都是學佛修禪，你能做到了，修禪也修到家了，成佛了，如果人人都能這樣，我們的社會還會不和諧嗎？

寶林寺説法

六祖慧能從城中大梵寺回到曹溪寶林寺，一邊為弟子們説法，一邊又利落眾生，為民謀利除害。

在曲江一帶曾流傳着六祖慧能"為龍説法"的故事。

唐代的寶林山、曹溪水雖然山清水秀，但總的來説還是屬於比較荒蕪的地方，這裏還經常有巨禽猛獸出沒，為害鄉民。在寶林寺前有一水潭，潭中有一條龍，能大能小，變化無常，時隱時現。這條龍所到之處，鄉民的房屋、莊稼甚至畜牧等都會遭殃。所以，一直以來，曲江一帶的百姓都深受其害，人們談龍色變，但又對牠毫無辦法，連官府也治理不了。

六祖慧能剛回到寶林寺的時候，這條龍似乎有所收斂，有一段時間不敢出來造次，但過了不多久，見到六祖慧能對牠也沒採取行動，於是又出來放肆作孽了。六祖慧能早就聽到鄉民的訴説，決定教訓這條惡龍。

有一天，六祖慧能正在為眾人説法，突然一條巨龍從潭中躍起，頓時狂風大作，飛沙走石。眾人驚慌走避。六祖慧能見狀，立即喝斥説："你為甚麼只能現大身而不能現小身呢？如果你真的神通廣大，應可變化無窮，能大能小，以小現大，以大現小。"這條龍聽了慧能的話，心想我現小你又奈我何。於是牠潛回潭中一會，真的現小身再次躍出潭面。六祖手拿缽盂對牠説："你敢入老衲的缽盂嗎？"這條龍並不把六祖放在眼裏，大搖大擺地游到六祖面前向他示威，六祖便將這條小龍舀入缽盂中。此時，這條龍方知上當，想掙脱缽盂，但任憑牠使盡渾身解數也是徒勞，始終跳不出六祖的缽盂。六祖拿着缽盂回到講經堂，給這條龍講經說法。經過六祖慧能的開導，這條龍終於覺悟，於是脫胎換骨而去。六祖慧能便囑咐弟子和鄉親用土石把這個水潭填平，並建了一個鐵塔。從此，曲江一帶再也沒有惡龍為害了。

六祖慧能在寶林寺弘法，前來問法的人越來越多。有一次，六祖慧能看見廣州、韶州和四面八方的士人和百姓匯集寶林寺聽講佛法，於是，六祖慧能升座說法。他對廣大信眾說："各位大善知識，要修佛參禪、明心見性、頓悟解脫，必須要從自性中開始，不管何時何地，總要想着保持自己清淨的自心，自己修念，自己實踐，看看自己的原來法身，反觀自身的佛性，自我解脫，自己持守戒律，這樣才不會白來我這裏一趟。既然你們從遠方來到這裏，說明我們之間都有緣。所以現在請各位一齊來行胡跪之禮，我先給各位傳授'自性五分法身香'，然後再傳授'無相懺悔'。"大眾聽了六祖慧能的話，都先行胡跪之禮，然後認真聽六祖慧能說法。

於是，六祖向眾人解說了自性五分法身香：

第一是戒香，就是自己的內心中無非分之想、無惡念、無嫉妒心、無貪心、無動害他人的心。

第二是定香，就是見到所有的善與惡、好與壞的現象，自己的心都不會亂。

第三是慧香，就是自己的心暢快無阻，經常用智慧來觀照自己的本性，從而不生出諸多罪惡念頭和行為，即使是做了許多善事，心裏也不要總是想它，要尊敬長輩，體念下人，恤孤濟貧。

第四是解脫香，就是自己心中不要對身外的東西有所攀緣，做到不思善，不思惡，了無掛牽，任運自然。

第五是解脫知見香，就是自心雖然無攀附身外的善惡，但也不要沉溺於空虛、死守與枯寂，必須要博學多聞，認識自己的本心，領會佛法道

理，和藹正大地待人接物，既無我相又無人相，恪守佛性不動搖，直至
覺悟。

這五香都是在各人內心中陶冶，不要從身外去尋求。

●"香"的意義

六祖大師在這裏詳細給人開示五分法身香，這"香"的意義到底
是甚麼？平時人們入廟為甚麼大多焚香？其實在佛教中這"香"確實
含義豐富。首先，香在梵語中稱健達，古印度傳說中有香神，即"乾
闥婆"，是佛教龐大護法軍團天龍八部之一。第二，香是佛的信使，
通過焚香，讓佛與人感應和溝通。第三，就是六祖慧能大師所說的
五分香：戒香、定香、慧香、解脫香和解脫知見香，這五香就是五
種功德，通過這五香修行，可以使人心性清淨，就可以成佛。所以
佛教徒在焚香時往往會唱"香讚"，以心香供佛。正因為如此，六祖
慧能大師明白地告訴大眾，這五香要在各人內心中陶冶，而不要從
身外去尋找，實際上就是要求人們內心的修為。明白了這些道理，
我們進廟焚香時，就不要僅僅在形式上焚一炷香了事，而是要通過
焚香來陶冶自己的心靈，這才是最重要的。

接着，六祖慧能又對大家傳授無相懺悔。

六祖慧能說："各位善知識，請跟我唸誦：以前的意念、今天的意
念、以後的意念，所有的意念都不要被愚癡迷悟、驕傲狂妄和嫉妒的邪念
所沾染，把以前所有的惡業愚癡迷悟等罪行，全部都一一懺悔，希望這些
罪過立即消滅殆盡，永不再生。這就叫無相懺悔。

"甚麼叫懺悔呢？所謂懺，是針對自己以前的罪過而言的，即對自己
以前的所有惡行、愚癡迷悟、驕傲狂妄和嫉妒等罪過全部反思檢討，對佛

發誓永不再犯，這就叫做懺。所謂悔，是針對自己今後可能犯的罪過來講的，即是從今以後，所有的惡行、愚癡迷悟、驕傲狂妄和嫉妒等罪過，現在都已覺悟了、認識了，因此決心不再重犯，這叫做悔。懺前悔後，合稱為懺悔。一般的凡夫俗子，愚癡迷悟，只知道懺識自己以前的罪過，而不懂得悔改以後還會犯的過錯。正是這樣，以前的罪過不但不能滅絕，後來的過錯又時常發生。這怎能叫懺悔呢？

"各位善知識，我講授完了懺悔，接下來就要發'四弘誓願'了。各位請用心聽：自心眾生無邊誓願度，自心煩惱無邊誓願斷，自性法門無盡誓願學，自性無上佛道誓願成。"

🗨 懺悔

說得好，我們不但要懺（檢討）自己以前犯的過錯，更要悔（防止）今後可能重犯以前的過錯。只有懺悔兩方面都做到了，才不會犯錯。

"所謂度，不是慧能我來度你們，而是你們自己度自己，即自性自度。所謂自性自度就是用正確的見解來度那些邪見，即邪來正度、愚來智度、惡來善度，這才是真度。

"所謂斷，就是運用自己的般若智慧來除卻虛妄思想心。

"所謂學，就是認識自己的本性，永遠依據正確的佛法來行事，就是真學。

"所謂成，就是常能用心去修行，常生智慧，除妄離迷，即見佛性，佛道便成。"

接着，六祖慧能又為眾人教授無相三歸依。

六祖大師說："無相三歸依就是要歸依自性三寶，也就是佛、法、僧。佛就是覺悟，法就是正見，僧就是清淨，歸依三寶就是歸依覺悟、正見、清淨。自己心裏歸依覺悟，邪念癡迷就不會發生，少貪慾而常知足，遠離財色。自己心裏歸依正見，就不會有邪見的念頭，沒有邪見就不會傲慢、貪婪、執着。自己心裏歸依清淨，所有煩惱、愛慾都不會污染自身的本性。所以，要歸依，就一定要歸依自己心中的三寶，內調心性，外敬他人，這就是自歸依。”

六祖慧能給大眾傳授了自性五分法身香、無相懺悔、發四弘誓願、無相三歸依後，用一首《無相頌》作最後開示：

> 迷人修福不修道，只言修福便是道。
> 布施供養福無邊，心中三惡元來造。
> 擬將修福欲滅罪，後世得福罪還在。
> 但向心中除罪緣，各自性中真懺悔。
> 忽悟大乘真懺悔，除邪行正即無罪。
> 學道常於自性觀，即與諸佛同一類。
> 吾祖惟傳此頓法，普願見性同一體。
> 若欲當來覓法身，離諸法相心中洗。
> 努力自見莫悠悠，後念忽絕一世休。
> 若悟大乘得見性，虔恭合掌至心求。

六祖慧能說：“各位善知識，你們都要誦唸這首佛頌，按照這首佛頌來修行，如果能夠言下見性，那麼你們即使離我千里遠，也如同在我身邊一樣，如果言下不悟，那麼你們即使坐在我對面，也如同相隔千里，何必千里迢迢、勞碌辛苦來這裏求法呢？你們各自珍重，好好回去修行吧。”

眾人聽了六祖慧能的佛法，個個都得到開悟，高興地修行。

● 何為 "三寶" ？

平時說無事不登三寶殿，這三寶就是佛、法、僧，佛代表覺悟、法代表正見、僧代表清淨，這三寶都集中在你自己身上。那麼，當你有事登上這三寶殿時，不要指望 "佛" 能幫你解決問題，而是要從你自己內心中尋找原因，所謂歸依自性三寶，就是靠你自己清除內心邪見、邪念、煩惱、污染，回復你自己的覺悟和清淨，這樣問題就會迎刃而解了。

因材施教

六祖慧能在寶林寺弘法，不但吸引了遠近的僧眾和善信前來聽講佛法，不少已學有所成的法師僧人也紛紛投奔慧能拜他為師，而且不少還成了六祖慧能的著名弟子和法嗣。這裏舉出幾位與大家分享。

有一個名叫法海的僧人，是韶州曲江本地人，他第一次參拜六祖時，就直截了當地問：「甚麼叫做即心即佛？希望和尚給予解釋開導。」六祖大師說：「不要老是留戀和生出以往的意念就是心，以後的念頭一個接一個不讓間斷就是佛；能夠成一切法相的即是心，能夠離一切法相的就是佛。我如果要具體詳細地全部解說，那不知要講到甚麼時候。我有一佛偈，你聽後就自然會明白了。」六祖慧能的佛偈是這樣說的：

> 即心名慧，即佛乃定。
>
> 定慧等持，意中清淨。
>
> 悟此法門，由汝習性。
>
> 用本無生，雙修是正。

法海經六祖慧能的指點開導，頓時大悟，隨即以一首佛偈讚歎說：

> 即心元是佛，不悟而自屈。
>
> 我知定慧因，雙修離諸物。

就這樣，法海拜六祖慧能為師，並一直跟隨六祖，成為六祖慧能的貼身法嗣。韶州刺史韋琚請六祖慧能到城裏的大梵寺為大眾説法時，就曾囑咐法海把六祖慧能的説法記錄下來。六祖慧能晚年回新州故居龍山時，也帶上法海，直至六祖慧能圓寂也不離左右。後來法海把六祖平時説法的記錄加以整理，輯成《壇經》流傳下來，為六祖南宗禪的傳播作出了貢獻。

江西洪州有一位僧人叫法達，他七歲出家，經常讀《法華經》。他千里迢迢來到曹溪寶林寺參拜六祖慧能，以為自己熟讀《法華經》而驕傲自大，初見六祖行禮時頭不着地。六祖慧能便呵斥説："你行禮時頭不着地，這與不行禮有甚麼不同呢？你心裏頭一定執着一個東西。你平時都修習甚麼呢？"法達回答説："我平時唸《法華經》，已經唸了三千遍了。"六祖慧能説："如果你唸了一萬遍，領悟到經中的佛法大意，又不驕傲，不以為勝過其他人，那才可以與我平起平坐。而你如今讀了《法華經》而驕傲自負，甚至不知道自己有甚麼過錯。"隨後給法達説了一首佛偈：

> 禮本折慢幢，頭奚不至地？
> 有我罪即生，亡功福無比。

六祖慧能又問："你叫甚麼名？"法達回答説："我叫法達。"六祖大師説："你名叫法達，到甚麼時候才能通達佛法呢？"六祖慧能又給他説了一首佛偈：

> 汝今名法達，勤誦未休歇。
> 空誦但循聲，明心號菩薩。
> 汝今有緣故，吾今為汝説。
> 但信佛無言，蓮花從口發。

　　法達聽了六祖慧能的佛偈，知道了自己的無禮，後悔並謝罪説："從今以後，我一定要謙虛地對待一切。其實，弟子唸《法華經》，並不了解其中的意義，有許多疑問還請大師為我解釋。"六祖説："我不認得字，你讀一遍經書給我聽，我為你解説。"於是法達高聲誦唸經書，六祖大師聽後一一為他解答，最後還為他説了一首佛偈：

　　心迷《法華》轉，心悟轉《法華》。

> 誦經久不明，與義作仇家。
>
> 無念唸即正，有念唸成邪。
>
> 有無俱不計，長御白牛車。

　　法達聽後而大悟，非常高興，隨即附了一首佛偈：

> 經誦三千部，曹溪一句亡。
>
> 未明出世旨，寧歇累生狂。
>
> 羊鹿牛權設，初中後善揚。
>
> 誰知火宅內，元是法中王。

　　六祖慧能説："你從今而後可以稱為唸經僧了。"法達自此才真正領悟經中的玄旨，一直唸經不輟。

💬 如何讀書？

　　"心迷《法華》轉，心悟轉《法華》"，這是一個具有普遍意義的偈句。《法華經》是中國佛教宗派天台宗所依據的一部重要經典，六祖慧能的弟子法達原來讀了三千遍，但他並未領會經文的含義，反而執迷於經文，被經文困住了而不開竅，因而傲慢無禮。六祖直接批評他只讀經文而不理解經文意義的做法，提出只有"心悟"即理解了經文，才可以在日常的修禪和生活中得以運用。否則，就是讀死書、死讀書、讀書死。在日常生活中，我們也經常遇到不少現代的"法達"，對一些書籍、佛經背得滾瓜爛熟，而對其中的含義卻不甚了了，或一知半解，這樣怎會把書中知識變為自己的智慧呢？

有一位名叫智通的僧人，是壽州安豐（今安徽壽縣）人，早年讀《楞伽經》一千多遍，仍然沒領會三身和四智的含義。於是，他來禮拜六祖慧能，請求講解。六祖慧能說："所謂三身，一是清淨法身，就是你的本性；二是圓滿報身，就是你的智慧；三是千百億化身，就是你的行為。如果離開本性來談三身，即是空有三身之名，而無智慧。如果認識到三身中自身並無自性，就是四智菩提了。聽我一首佛偈：

> 自性具三身，發明成四智。
> 不離見聞緣，超然登佛地。
> 吾今為汝說，諦信永無迷。
> 莫學馳求者，終日說菩提。"

智通又問："能講解一下四智的意義嗎？"

六祖慧能說："既然領會了三身的含義，那四智的意義就明白了，為甚麼還要問呢？如果離開了三身另外談四智，這叫有智無身，即使是有智最終也是無智。"於是，六祖慧能再說了一首佛偈。智通聽了六祖慧能的講解和佛偈，終於明白了三身四智的道理，便覆了一首佛偈：

> 三身元我體，四智本心明。
> 身智融無礙，應物任隨形。

> 起修皆妄動，守住匪真精。
>
> 妙旨因師曉，終亡染污名。

僧人智常是信州（今江西貴溪縣）人，幼年出家，立志明心見性。有一天，他來參禮六祖。

六祖慧能問：“你從甚麼地方來，到這裏想求甚麼？”

智常答：“弟子最近去洪州白峰山見了大通和尚，他雖然開示了見性成佛的道理，但心裏的疑慮始終無法消除，我遠來參見大師，就是望大師慈悲為我開示。”

六祖慧能說：“大通和尚都說了些甚麼？你講一些給我聽。”

智常說：“我到他那裏三個多月仍未得到他的教誨，我求法心切，便在一天傍晚獨自入方丈室向他請教甚麼是我的本性。他問我見過空虛嗎？我說見過；他又問空虛有沒有相貌？我說空虛無形，有甚麼相貌？他說，你的本性就像空虛一樣，沒有一物可見，這就叫正見，沒有一物可知，名為真知，無青黃長短，只見本源清淨，覺體圓明，就叫見性成佛，也稱如來知見。弟子聽後還是不太明白，請大師為我講解。”

六祖慧能說：“你師父所說還是有所保留的知見，因此使你未完全明白，我現在給你開示一首佛偈：

> 不見一法存無見，大似浮雲遮日面。
>
> 不知一法守空知，還如太虛生閃電。
>
> 此之知見瞥然興，錯認何曾解方便？
>
> 汝當一念自知非，自己靈光常顯現。”

智常聽了六祖的佛偈，心裏豁然開悟，隨即說了一首偈：

> 無端起知見，着相求菩提。
>
> 情存一念悟，寧越昔時迷？
>
> 自性覺源體，隨照枉遷流。
>
> 不入祖師室，茫然趣兩頭。

智常還問了許多問題，六祖一一為他解答。於是，智常致禮感謝，一直侍候六祖，不離左右至大師圓寂。

有一位名叫行思的禪師，俗姓劉，是江西吉州安城（今江西吉安）人，他聽説六祖慧能在曹溪弘法，盛況非常，於是特意前來參禮。

至曹溪見過六祖後，行思直截了當地問：“應當怎樣修行才不會落入那種有階梯級別層次之分的法門呢？”六祖問：“你以前做過甚麼事？”行思説：“我連神聖的真諦都不修習。”六祖問：“那你又落入了哪一個級別層次呢？”

行思説：“連神聖的真諦都不修習，那還有甚麼階梯級別層次呢？”六祖深知行思的慧根，很器重他，讓他做了首座。有一天，六祖對他説：“你應當獨當一面去弘揚佛法，使佛法永遠發揚光大。”

行思得到六祖禪法的宗旨，於是回吉州青原山弘法行化。

有一位禪師叫懷讓，俗姓杜，金州（今陝西安康）人，他最初先去嵩山禮拜弘忍的弟子慧安國師，後來慧安國師讓他到曹溪參拜六祖慧能。懷讓到曹溪後即向六祖慧能施禮。

六祖問：“你從哪裏來？”懷讓答：“從嵩山來。”

六祖問：“是個甚麼東西，憑甚麼來？”懷讓答：“説像個甚麼東西就不行了。”

六祖問：“還可以修證嗎？”懷讓答：“修證不是不可以，不受污染卻做不到。”

六祖說："只有不受污染這一點，所有的佛都會為之護念，你是這樣，我也是這樣。西天竺的般若多羅曾預言：你門下將來會出一匹小馬駒，征服天下人，你把這個預言記在心裏，不要急於說出來。"

懷讓頓時開悟，於是侍候六祖十五年，不離左右，對禪法的理解日漸深入，後來到了南嶽，大力弘揚禪法。

行思和懷讓兩人都成了六祖的著名法嗣，在行思一系後來發展出南禪的曹洞宗、雲門宗和法眼宗，在懷讓一系發展出臨濟宗和溈仰宗，對光大六祖南禪作出了貢獻。這是後話。

浙江溫州永嘉有一位名叫玄覺的禪師，從小就學習經論，精通佛教天台宗的止觀法門，又熟讀《維摩詰經》而心性明了。有一天，六祖的弟子玄策來拜訪，兩人暢談甚歡，尤其是玄覺所講的隱隱約約與佛祖所講的佛理相合。

玄策便問："你跟哪位師父學得佛法？"

玄覺說："我聽各種經論，都各有師承。後來讀《維摩詰經》，才悟得佛心宗，但至今還未有得到印證，希望你為我印證。"

玄策則說："我人微言輕，怎能替你印證呢？曹溪有六祖大師，四方學者僧人都匯集那裏，而且都學到了佛法，如你願意去，我可與你同行。"

於是，玄覺跟隨玄策一同來參拜六祖慧能。相見後，玄覺就繞着六祖轉了三圈，然後舉起錫杖站立不動。

六祖說："佛門中人應該具有三千威儀、八萬細行，你這位大德從哪裏來，對我如此傲慢無禮？"

玄覺則說："人的生死是大事，變化迅速，還來不及行禮。"

六祖說："為甚麼不悟出無生無死的道理來了卻這迅速無常的變化呢？"

玄覺說："如果能領悟無生無死的道理，也就沒有甚麼迅速無常的變化了。"

六祖説："這就對了。"

這時，玄覺才整理儀表向六祖行禮，但行禮後又馬上要告辭。

六祖説："你馬上回去太快了吧？"

玄覺説："人的本身沒有動與不動的問題，所以也就無所謂快與不快了。"

六祖説："誰人知道不是動？"

玄覺説："有道之人自己能分別出來。"

……

經過一番對話，六祖認為玄覺講得很好，於是，留玄覺住了一晚，當時人們就稱之為"一宿覺"。後來玄覺禪師寫了《永嘉證道歌》在世上流行。

還有一位名叫神會的僧人，俗姓高，湖北襄陽人，十三歲時就到玉泉寺拜神秀為師，後來神秀叫他離開玉泉寺去投奔慧能。神會是個很聰明、很有智慧的僧人，所以他來到曹溪寶林寺見六祖大師時，就想展示一下自己的才華。

六祖對他説："善知識遠道而來，辛苦了，你還認識事物的本來面目嗎？如果還認得，就應該認識事物的主體了，你説説看。"

神會説："以無住為本就是事物的主體。"

六祖説："你這個小沙彌怎麼可以講出這樣輕率的話呢。"

神會問："和尚坐禪，有沒有見到佛性？"

六祖大師用禪杖輕輕地打了神會三下，問："我打你，你覺得痛還是不痛？"

神會回答道："也痛也不痛。"

六祖説："我對於佛性也見也不見。"

神會問："怎麼叫也見也不見呢？"

六祖説：“我所説的‘見’是見到自己的過錯，而見不到別人的是非和好惡，所以是又見又不見。你所説的又痛又不痛怎樣解釋？你如果不痛就如同草木石頭，你如果痛則如同凡夫，就會引發怨恨。你前面所問的見與不見是兩種偏見，痛與不痛實則是生與死的問題，你連自己的本性都未認識，居然來作弄別人。”

神會聽後連忙叩拜謝罪，跟隨六祖不離左右，成了六祖的一個弟子。

有一日，六祖大師對眾弟子説，我有一件東西，無頭無尾，無名無字，無背無面，你們知道是甚麼嗎？無人回答出來。

神會站出來説：“是諸佛的本源，神會的佛性。”

六祖説：“我已説了無名無字，你卻把它叫本源佛性，你以後即使做了住持，也只能是一個做學問的僧人。”

在六祖和神秀圓寂後，神會北上與神秀北宗弟子展開了一場大辯論，隻身舌戰群僧並取得了勝利，從而為慧能的第六代祖師地位和南宗禪地位的確立，作出了巨大的貢獻。

有一個僧人問六祖：“誰得到了黃梅五祖弘忍的佛法？”六祖説：“懂佛法的人得到。”僧人又問：“大師你得到了沒有？”六祖説：“我不懂佛法。”

有一天，六祖慧能想洗一下五祖所傳的法衣，但沒有好的泉水，於是來到寶林寺後面五里遠的地方，見這裏山林茂盛，瑞氣環繞，便舉起錫杖插入地下，只見清泉就地湧出，過了一會便積成了一處水池，慧能便跪在石上洗衣。

這時，有一個僧人走過來參拜慧能，這人自我介紹説：“我叫方辯，是西蜀人，昨天在南天竺國，遇見菩提達摩大師，他囑咐我趕快到大唐去，並説我所傳的大迦葉正法眼藏以及法衣，現在已傳到第六代祖師慧能手上，他在韶州曹溪弘法，你去那裏瞻仰禮拜吧。聽了達摩大師的囑咐，我特地從遠方趕來，希望能夠見到達摩祖師所傳的衣鉢。"

於是，六祖慧能把衣鉢拿出來給方辯看，接着問方辯："上人你主要做甚麼事業？"

方辯回答説："我最擅長雕塑佛像。"

六祖慧能很認真嚴肅地對方辯説："你塑一尊給我看看。"

方辯有點不知所措。過了幾天，他真的塑了一尊佛像，約七寸高，惟妙惟肖，栩栩如生。

六祖慧能笑着對方辯説："你只了解雕塑的特性，而不了解佛性。"

六祖慧能用手撫摸着方辯的頭説："永遠做人和天的福田。"並送了一件法衣給方辯，方辯便把法衣分為三份，一份披在所塑的佛像身上，一份自己留着珍藏，一份用棕葉包裹好埋在地下，發誓説："今後若有人得到這份法衣，就是我再生於世的時候，我將在這裏做住持，重建殿堂。"至宋代嘉祐八年（1063），有一位叫惟先的僧人，修葺殿堂掘地溝時，挖出了這份法衣，好像新的一樣。

又有一位僧人吟唱臥輪禪師的佛偈：

> 臥輪有伎倆，能斷百思想。
> 對境心不起，菩提日日長。

六祖慧能聽後説："這首佛偈未明心見性，如果按照這首佛偈去修行，反而會增加束縛。"於是，六祖另外作了一首佛偈給這位僧人，偈説：

> 慧能沒伎倆，不斷百思想。
> 對境心數起，菩提作么長。

🐷 因材施教

六祖慧能啟發、教育弟子的方法確實很有意思，或單刀直入、直接點撥，或曲折迂迴、間接引導，或機鋒對接、問答辯疑，或明打暗示、責罵提醒……針對每個弟子的不同稟賦，接受能力的不同而採用不同的辦法，這就是我們平時所説的因材施教。問題是很普遍、很通俗的道理，但在日常生活中又有多少人能夠真正做到？比如，父母們大多愛子心切、望子成龍、恨鐵成鋼，於是本來喜歡踢足球的卻硬要他去學彈琴，癡迷於書畫的卻硬要她去練跳舞，喜歡學物理的卻硬要他讀歷史……結果呢，兩邊不靠岸，甚麼都沒學成。還是老老實實地學一下六祖吧。

折服北宗信徒

正當六祖慧能在韶州曹溪寶林寺傳授他的南宗頓教禪法的時候，他的師兄神秀也在北方大開他的北宗漸教法門，兩者南北呼應，成了五祖弘忍東山法門下最著名的兩大宗派。當時人們就把慧能和神秀的禪法稱為“南能北秀”、“南頓北漸”。

原來，五祖弘忍圓寂後，神秀離開了黃梅五祖寺，到了湖北荊州當陽山玉泉寺隱居。起初神秀並不急於開山弘法，而是潛心修行，這樣十幾年默默無聞，無人認識。到了唐儀鳳年間，神秀的一位同門師兄弟法如，在臨寂前囑咐他的弟子到荊州當陽山玉泉寺投奔神秀，這才把神秀請了出來。於是荊楚大地的僧人儒士紛紛來禮拜神秀。自此，神秀才正式公開弘法，成了著名的禪師，是禪宗北宗的祖師爺。

所以，慧能和神秀兩人自離開師父五祖後，都過了十幾年的逃亡或隱居的生活，都在儀鳳年間開山弘法，似乎有相同的經歷。但從當時兩人禪法的影響看，慧能遠遠比不上神秀。慧能傳法的地方只局限於嶺南一隅，從來未邁出過廣東一步，而神秀傳法卻在北方的廣袤大地，弟子也很多。所以唐代著名的高僧宗密寫《圓覺經大疏鈔》一書，在評價兩人禪法的影響時有這麼一句話：“曹溪頓旨，沉廢於荊吳；嵩嶽漸門，熾盛於秦洛。”甚是恰當。

如何評價神秀？

　　說到神秀，以前不少人持批評的態度，認為他與慧能爭衣缽、爭祖位，甚至派人去殺慧能，這是不公正的。其實神秀是一位有道高僧，他的禪法對慧根淺的平民大眾來說還是挺合適的，就是通過天天不間斷地慢慢修煉，去除心中的污染，保持清淨的心性。而且神秀也有自知之明，知道自己水平比不上慧能，所以要自己的弟子投奔慧能，還向皇帝薦舉慧能，這種精神難能可貴。從一定意義說，慧能是在神秀的基礎上發展出自己的禪法，如用一座塔來比喻，神秀是塔基，慧能是塔尖。

　　神秀的北宗禪還得到了朝廷的大力支持，唐代女皇帝武則天、中宗皇帝和睿宗皇帝先後禮請神秀到西京長安和東都洛陽，在宮廷內設道場供養，拜神秀為師，不時向神秀請教佛法。尤其是信佛的武則天，她不顧君臣的身份，竟向神秀行跪拜之禮。其他的王公大臣、文人儒士也都紛紛向神秀頂禮膜拜。難怪張說在神秀圓寂後，在為其寫碑銘時，把神秀稱為"兩京法主，三帝國師"。可見，神秀在當時的影響之大、地位之高。

　　正是由於神秀有如此大的影響和如此高的地位，他門下的弟子們大多對嶺南的慧能不服氣，他們認為慧能不識字，是文盲，又是沒有佛性的嶺南獦獠，身材矮小，相貌平平，憑甚麼得到祖傳衣缽，成了第六代祖師？而自己的師父神秀，飽讀詩書，又有學問，相貌堂堂，一表人才，反而得不到衣缽，成不了祖師？他們憤憤不平，於是自立神秀為六祖，但又怕五祖弘忍傳衣缽給慧能這件事為天下人所知道，因此，想方設法要把慧能除掉，希望把六祖祖位和祖傳衣缽袈裟搶過來。他們用金錢買通了一位名叫張行昌的殺手去刺殺慧能。慧能的生命又一次面臨着考驗。

　　這個張行昌，是江西人，從小好行俠仗義，但還是經不起金錢的誘惑。他從當陽山玉泉寺出發，跋山涉水，不遠萬里來到曹溪寶林寺。一天晚上，行昌潛入六祖慧能的房間，準備行刺慧能。

好個慧能大師，心靈通達，早就預到會發生這件事。他把十兩銀子放在桌上，自己平靜地躺在床上。行昌見狀，以為時機已到，悄悄地來到床前，舉刀就要砍。而慧能則伸出頸項讓他砍。行昌連砍三刀，但只聽到刀響，卻沒有傷及慧能一點皮肉。這時慧能便說：“正劍不邪，邪劍不正。我只欠你金錢，而不欠你性命。”

行昌聽到慧能的說話而大驚，倒在地上，過了好一陣子才蘇醒過來，連忙向慧能求饒，表示願意悔過自新，出家修行。

六祖慧能對他說：“你把桌子上的銀子拿走，暫時離開這裏，不然，我的弟子把你抓住，你性命難保，過些時候你再化裝來見我，到時我收你為徒。”

行昌拿了錢連夜逃走，後到了其他寺廟受戒出家。過了好久才來看六祖慧能。六祖慧能見行昌來，便說：“我一直都想念你，為甚麼那麼久才來看我呢？”行昌把自己出家修行讀經的經過一一告訴六祖慧能，並提出許多疑問，六祖慧能都一一為他解釋。行昌頓時大悟，說出了一首佛偈：

> 因守無常心，佛說有常性。
> 不知方便者，猶春池拾礫。
> 我今不施功，佛性而現前。
> 非師相授與，我亦無所得。

六祖慧能說：“你現在已經徹底覺悟了，應當把名字改為志徹。”志徹致禮感謝，成了六祖慧能的弟子。

雖然神秀的弟子們不服六祖慧能，經常諷刺他，但神秀卻有自知之明。他對弟子們說：“慧能得到了無師自通的智慧，深深地體悟了上乘佛法，我遠遠比不上他。而且我師父五祖弘忍親自傳佛法衣鉢給他，這難道是偶然的嗎？只恨路途太遠，我不能前去向他請教，枉受了國家皇上的恩典。你們不要留在我這裏，趕快去曹溪參拜慧能，向他學習佛法吧。"

一日，神秀叫來自己的心腹、得意弟子志誠，對他說："你聰明多智謀，代我去曹溪聽聽慧能是怎樣說法的，他的禪法主要有哪些內容，你把所聽到的都記在心裏，回來告訴我。"

志誠遵循師父的囑託來到曹溪。有一天六祖慧能開壇演講，志誠跟着其他僧眾混進去一起參禮，其他人根本不知道。但六祖慧能早就知道他的到來，所以講法一開始，六祖慧能就對大眾說："今天有一個偷聽我禪法的人，混了進來，隱藏在法會裏。"

志誠聽到六祖這麼說，覺得蒙混過去是不可能了，連忙站出來行禮叩拜，把事情的原委一一說出來。六祖說："你從玉泉寺來，應該是奸細。"

志誠說："我不是奸細。"

六祖說："為甚麼不是？"

志誠說："我沒有把事情的來龍去脈講出來之前，可以說是奸細，現在我講清楚了就應該不是了。"

六祖問："你師父是怎樣開示你們的？"

志誠回答說："我師父經常教誨大家要住心看淨，長坐不臥。"

六祖說："住心看淨是一種病而不是禪，長坐不動會損壞身體，於理有何好處？聽我一首佛偈：

生來坐不臥，死去臥不坐。

一具臭骨頭，何為立功課？"

志誠再次叩拜說："弟子在神秀大師那裏學習佛法已經九年了，但始終未能開悟，如今聽大師的一句話，卻能夠契合本心。弟子覺得人的生死是大事，望和尚大慈大悲，再給我更多的教導開示。"

六祖慧能說："我聽說你師父教弟子們戒定慧佛法，不知他是怎樣解說戒、定、慧的，你說給我聽聽。"

志誠說："神秀大師說，不做各種惡事稱為戒，做各種善事稱為慧，自己除掉自身的雜念稱為定。他就是這樣說，不知和尚教導弟子哪種佛法。"

六祖慧能說："我如果說有佛法教人，那是騙你的，只不過為了方便幫助別人解脫束縛，借用三昧這個名稱而已。像你師父這樣說戒定慧，實在不可思議。我所理解的戒定慧不是這樣的。"

志誠問："戒定慧不是只有一種嗎，怎麼會有不同的呢？"

六祖慧能說："你師父的戒定慧接引的是大乘人，是對小根器的人來說的，我的戒定慧接引的是最上乘人，是對大根器的人說的。悟性不同，理解就有快有慢。你比較一下，我所說的與你師父所說的是不是有所不同。我所講的佛法，主張不離自性。你要知道，一切萬法都來源於自性，這才是真正的戒定慧佛法。我有一首佛偈，你聽：

> 心地無非自性戒，
> 心地無癡自性慧，
> 心地無亂自性定，
> 不增不減自金剛，
> 身去身來本三昧。"

志誠聽了六祖的佛偈後，連忙悔悟致謝，並呈上一首佛偈：

> 五蘊幻身，幻何究竟。
> 回趣真如，法還不淨。

後來志誠又向六祖問了許多佛法道理，六祖一一給了回答。志誠深為感動，於是他再也沒有回神秀那裏，而是留在六祖身邊，朝夕不懈地學習，成了六祖的弟子之一。

六祖慧能的智慧、魄力和慈悲

這一節，六祖慧能向我們展示了巨大的智慧、魄力和慈悲：第一，用真誠去感化敵人，化敵為友。張行昌要殺他，致他於死地，他不但不怨恨，反卻送錢給行昌，萬一演變成"農夫和蛇"的故事怎麼辦？六祖就有這樣大的智慧、膽識和慈悲情懷，斷定以誠相待，行昌必會歸依自己。第二，堅決反對坐禪。甚麼佛法、三昧？只不過是借用一個詞罷了。這可不得了啊。三昧，即坐禪入定，簡稱為禪定，是印度佛教的最大特色。慧能卻說整天打坐，不但學不到佛法，把身體也坐壞了，這有好處嗎？堅決反對，這是反對印度佛教啊。第三，連佛教最基本的三學——戒定慧的內容也要更新，人的自性、人的心是萬法之源，戒定慧就在本身，只要不離開自己的本性就行，還持甚麼戒，修甚麼禪，打甚麼坐？所以，我們都說六祖慧能的禪宗是中國的，或者說慧能把印度佛教中國化，這便是其中一個道理。

兩點啟示：以誠待人，慈悲為懷；心地善良、心誠心好是根本。

隱居山林

　　前面已說過，六祖慧能的師兄神秀大師深知自己對佛法的理解比不上慧能，所以，當武則天女皇、中宗皇帝請他到宮中，向他請教佛法的時候，神秀很謙虛地說：“南方有一位大師叫慧能，在韶州曹溪寶林寺弘法，他才是五祖弘忍密授衣鉢的第六代祖師，你們應該迎請他到宮中來供養，向他請教佛法。”於是，女皇武則天在長壽元年（692）和萬歲通天元年（696）兩次降旨召慧能進京，慧能都託病推辭。武則天只好頒發詔書，御賜慧能法物一批。

　　唐神龍元年，即公元 705 年，中宗皇帝再派內侍薛簡帶着聖旨趕來韶州曹溪，迎請六祖慧能到京城長安供養。慧能接過聖旨，先謝過皇恩，然後命弟子寫了一封奏表，以自己年老體弱、身體有疾為由，再次婉辭皇上的好意，表示願意一輩子在山林中生活。

　　薛簡說：“京城裏的佛禪大師都說，想要領悟佛法，必須要坐禪入定，如果沒有經過坐禪入定而得到解脫的，從來未見過。不知大師你的佛法是怎樣的？”

　　六祖慧能說：“佛法是從心裏悟的，怎能靠坐來悟呢。佛經說：如果說佛似坐似臥，這是修行邪道。為甚麼呢？一切事物都是無來無去，不生不來，這才是真正的如來清淨禪。一切事物都空寂虛幻才是如來清淨坐。解脫都無法驗證，何況坐禪？”

　　薛簡說：“我回京後，太后和皇上一定會向我詢問你的佛法和要旨，那我怎樣回答呢？所以，望大師慈悲，為我講解佛法大意，以便我回京後轉告太后和皇上，以及京城中學習佛法的人。這樣就好比一盞燈點燃千萬盞燈，使光明傳遞永無盡頭。"

六祖慧能説："佛法並沒有光明和黑暗的分別，明和暗只是相互代謝的意思，説光明傳遞無盡頭，就是因為它有盡頭才可以這樣説。無盡頭和有盡頭是相對的兩個名稱。所以，《淨名經》説：佛法本身之所以不可比擬，就是因為它沒有相對的名稱。"

薛簡又問："光明比喻智慧，黑暗比喻煩惱，學習佛法的人，如果不能用光明智慧去照亮破除黑暗煩惱，又怎會脱離那生死的大事呢？"

六祖説："煩惱就是菩提，兩者沒有甚麼區別。如果説用光明智慧來照亮破除黑暗煩惱，這是小乘法人的見解，與所謂羊車、鹿車的稟性一樣。那些有大智慧、大根器的人是不會這樣做的。"

後來，六祖還向薛簡詳細解釋了大乘見解、不生不滅等問題。薛簡聽後豁然大悟，禮拜致謝。

薛簡拜別了六祖大師，帶着六祖大師的奏表和佛法旨意趕回京城。太后和中宗皇帝見薛簡隻身一人，並沒有把六祖慧能大師迎請回來，便問薛簡是怎麼回事。薛簡於是把六祖奏表呈上，把見到六祖的情形以及六祖所講的佛法大意一一稟告太后和皇上。太后和中宗皇帝看了六祖的奏表，聽了薛簡的彙報後，深深感到六祖慧能佛法的精深博大，同時也感謝六祖大師教化大眾，為國造福的德行。

於是，這一年的九月三日，中宗皇帝再次下詔書，獎諭六祖慧能。詔書説："大師以年老有疾相辭，為我修習佛法，這是國家的福田。大師與維摩詰一樣，推託有疾病，而在毗耶城中，弘揚大乘佛法，傳授諸佛的心印，講解佛性不二的佛法。薛簡稟報了大師傳授的佛法旨意，這是我一直以來積善行德，才有這樣的結果，是因為過去種下了善根，才會遇到大師的出世，傳授這頓悟成佛無上法門，所以感激大師的大恩大德，令我不勝致禮。"

為了感謝六祖慧能的恩德，中宗皇帝賜給六祖慧能磨衲袈裟一件、水晶衣缽一個。還敕令韶州刺史重新修葺寺院，將寶林寺改名為中興寺，賜額"法泉寺"。同時賜六祖慧能在新州龍山故居為"國恩寺"，並親題區額。

武則天和中宗皇帝所頒聖旨和所賜法物現還存放在南華寺。

●"不唯上"的好處

皇帝請你也不去？在現代人的眼裏，六祖慧能你的腦子是不是出了問題？不是的，在中國禪宗史上，唐太宗曾四次下聖旨請四祖道信大師，唐高宗也請五祖弘忍大師，但他們都不領情，沒有去皇宮接受皇帝供養。六祖慧能可能就是學他的祖師。但這些皇帝們也不錯，既然請你不來，反而更敬重你，下聖旨表揚你，賜給你很多東西。看來有道高僧都有這個骨氣。你看慧能的師兄神秀就做不到，女皇帝武則天請他，他就乖乖地跑到皇宮裏。但是問題並沒有那麼簡單，你接受了皇帝的供養，吃了皇帝的飯，可能你就得要聽從皇帝的擺佈，要傳播你的佛禪思想就不可能那麼隨意從容、任運自然了，也就不能發展你的理論了。所以，在唐代會昌年間，皇帝不但不喜歡佛教，還要打壓佛教，發起了一場滅佛運動，於是，原來依靠上層支持和供養的佛教宗派被打得奄奄一息，而六祖慧能的南宗禪卻一枝獨秀，箇中原因就是慧能的南禪從來不走上層路線，而是面向大眾，扎根大眾。生活在當下的人們，為官也好，經商也罷，甚至做人處事，好好品味一下六祖慧能"不唯上"所帶來的結果吧。

寂前傳法

　　六祖慧能在韶州曹溪寶林寺弘傳他的南宗頓教禪法不覺已經三十幾年，而他自己也已是七十幾歲的人了。他感到自己在世上的時間越來越少，要好好地向弟子們交代清楚，才能使自己的禪法傳下去。

　　有一天，六祖慧能把他的得意門徒法海、志誠、法達、神會等幾十人叫來。大家不知師父有甚麼事，便紛紛趕來。六祖慧能見他們都已到來，便對他們說："你們不同於其他人，我滅度後，你們到各地去，作為一方的教主禪師，大力弘揚我南宗頓教禪法。那怎樣去解說佛法呢？我現在教你們方法，按照這樣的方法去解說，就不會失去我南宗頓教禪法的宗旨。

　　"你們今後弘法，首先要舉出三科法門，運用三十六種相對方法，所有語句都要避免出現兩種極端，不管解說何種佛法都不要脫離'自性'這個根本。如果碰到有人向你問佛法，回答時都要成雙成對，都用相對的方法，來去、前後、左右都互成因果，最終把那種視佛法為'二法'的教人方法清除掉，這樣就再沒有其他地方可去了。

　　"甚麼是三科法門呢？所謂三科法門就是指陰、界、入這三樣。陰，就是五陰，即色、受、想、行、識。入，就是十二入，包括身體外的色、聲、香、味、觸、法這六塵，以及身體內的眼、耳、鼻、舌、身、意這六門。界，就是十八界，包括六塵、六門和六識。人的自性本身就含有萬種佛法，所以稱為含藏識。如果生出了其他的想法，那就是轉識。生出六識、出入六門、接觸六塵，這樣的十八界，都是因為自性對外對內作用的結果。

「所以，如果自性本身是邪的，那就會生出十八種邪惡；相反，如果自性本身是正的，那就會生出十八種正當的行為。如果被邪惡所支配，就與凡夫俗人無區別，如果由善行來支配，就會與佛陀一樣。那麼邪惡和善行由甚麼力量來決定呢？那就是由每個人自己的佛性決定的。

「三十六對法又是指甚麼呢？它包括如下幾個方面的內容：

「一是身外的自然界那些無情感的物境，共有五組相對，這五對就是：天與地對，日與月對，明與暗對，陰與陽對，水與火對。

「二是介於身內與身外之間的法相、語言方面的，共有十二組相對，這十二組對法就是：語言與法相對，有與無對，有色與無色對，有相與無相對，有漏與無漏對，色與空對，動與靜對，清與濁對，凡與聖對，僧與俗對，老與少對，大與小對。

「三是由身內自性生出的，共有十九組相對，這十九對就是：長與短對，邪與正對，癡與慧對，愚與智對，亂與定對，慈與毒對，戒與非對，直與曲對，實與虛對，險與平對，煩惱與菩提對，常與無常對，悲與害對，喜與嗔對，捨與慳對，進與退對，生與滅對，法身與色身對，化身與報身對。

「以上一共是三十六對法。這三十六對法，如果理解透徹、運用得當，就能夠使佛道貫穿於所有的經文和佛法之中，你們的言行就不會出現兩種極端。

「自性是會起到決定性作用的。和別人對話的時候，對於外界的那些事物相體，既要看到它的存在，又不要執着於這些事物的相體，不要被它困住。而對於身內心中的佛性，既要明白它的空無，但也不要執着於這種空無，也不要被它迷住。如果一切都執着於外界事物的相體，就會生出邪見。如果一切都執迷於內心的空無，則會愚蠢、不聰明。那些執迷於空的人，經常誹謗經文，認為不需要文字。如果這樣說，那就不該有語言了，因為語言就是文字的相體。這些人還會說，真正的佛法是不立文字的，但這"不立"兩個字本身就是文字。這些人聽到別人解說經文，馬上就攻擊人家執迷於文字。你們要明白，自己迷誤也就罷了，還誹謗佛經。千萬不要誹謗佛經，不然有無邊的大罪過。"

六祖慧能繼續對他的眾弟子說："有些人執着於外界事物的相體，並且自作主張想出一些歪主意去修習佛法，或者到處建立道場，宣講事物有與無的對錯與過失，像這樣的人，即使是再經過多少劫難也不可能明心見性，所以，只能按照正確的方法去修行。另外，也不要甚麼都不聞不問不思考，這樣反而會在佛道上造成一些障礙。如果只聽說佛經而不按照佛經去修行，這會使人生出邪念來，只有依佛法去修行，才不會執迷於事物的相體。你們如果明白了這些道理，按照這種方法去解說佛法，按照這種方法去運用佛法，按照這種方法去修行佛法，就不會失去我南宗頓教禪法的宗旨。

🐷 六祖慧能的"辯證法"

六祖慧能這一大段的說教和交代，似乎不像六祖慧能大師簡單便捷的說教方法和思想，而且還有一些互相矛盾的地方，讓人們不容易理解。所以，不少研究者認為《壇經》中有不少內容是後人添加的。但我覺得還是前面說的話，除非你是做考證研究的專業學者，我們不用對佛教禪宗史上一些事實較真，重要的是要汲取其中的智慧，為我所用。在這段中，六祖慧能還是強調了他的核心思想——自己的心性、本性、佛性決定一切，心性好就會言行善，心性壞就會言行惡。說得更通俗一點就是：心好一切好，心壞一切壞，心好你就是佛，心邪佛也是壞人。這就是六祖慧能思想中最根本、最核心的東西。第二，三十六對法，很有辯證法的味道，好壞、明暗等等互成因果，取其中道，實際就是要求我們在日常生活中，思考問題也好，做事也罷，都不要過分執着於兩頭，否則就會走向極端，而是要用折中的辦法，兼顧兩邊。確實很有方法論意義。

"如果有人向你問及佛法大義，如果問有，你就用無來回答，如果問無，你就用有來回答，如果問凡，你就用聖來回答，如果問聖，你就用凡來回答。這些有無、凡聖等等相反的兩道，都是互為因果的，因此就產生一個中道的意義來。

"像這樣的一問一答就是一種模式，其他的所有問題都可以按照這種方法去處理，這就不會沒有理由。比如有人問，甚麼叫做暗？你可以這樣回答：明是根源，暗是結果，明沒有了，那就出現了暗，用明來顯示暗，用暗來顯示明，你生我，我生你，互相成為因和果，這就折中了，成中道意義了。其他所有問題都是一樣的道理，都可以用這種方式去回答。你們以後去傳授佛法，就按照這種方法教授你的弟子，你的弟子又按照這種方法教授他的弟子，這樣一代一代地傳下去，我南宗頓教禪法宗旨就不會斷絕了。"

唐太極元年，即公元 712 年，六祖慧能預感到自己真的快要離開人世了，此時此刻，他想到了父母的養育之恩，想到了眾鄉親和友人的幫助扶持之恩，想到了師父的諄諄教誨之恩，想到了皇恩浩蕩……沒有這重重的恩德，也許就沒有自己的今天。所以，在自己入滅前，要盡自己的最大努力去好好報答他們。於是他吩咐他的門徒到他的故里新州龍山國恩寺建報恩塔，一定要加緊施工，等塔建好後，他回新州去。

到第二年，即公元 713 年夏末，報恩塔建成。七月一日，六祖慧能又召集眾弟子，對他們說："我到今年八月的時候就要離開你們了，你們如果有甚麼不明白的問題，及早提出來，我為你們解答，好讓你們解除所有的迷惑。如果你們有疑問現在不提出來，等我走了之後就無人為你們解答、無人教你們了。"

法海等眾弟子聽到師父這樣説，個個都傷心而哭泣流涕，只有神會一人，神情自若，既不傷心，更無哭泣，好像沒有甚麼事情一樣。

六祖慧能看到這種情形就説："神會這個小沙彌不錯，能夠做到好與不好一個樣，受到詆毀或讚譽都不動搖，既不哀傷也不歡樂，其餘各人都做不到神會那樣。你們在我這山林中跟隨我那麼多年，到底學到了甚麼，究竟修的是甚麼道？你們如今悲傷哭泣，到底是擔憂甚麼呢？如果是為了我將來的去處而擔憂的話，則完全沒有這個必要，因為我自己自然會知道將會去甚麼地方。如果我連自己的去處都不知道，就不會把我快要離開人世的消息預先告訴你們了。你們之所以會這樣悲傷哭泣，説到底就是因為你們不知道我入滅之後的去處，如果你們知道的話，就不應該這樣悲傷哭泣了。"

六祖慧能又語重心長地對弟子們説："佛性本來就是不生不滅的，無來無去的，無動無搖的，這些道理我不知道向你們説了多少次了，你們為甚麼沒有記住呢？你們都過來坐在我身旁，我為你們説一首佛偈，這首佛偈的名稱叫做'真假動靜偈'，你們都要好好地把這首佛偈背誦下來，經常誦唸，就會與我的想法、意念一樣，按照這首佛偈的大意去修行，就不會失去我南宗頓教禪法的宗旨。"

🐟 六祖慧能的報恩理念

六祖慧能在快要離開人世時，要弟子回老家建報恩塔，表現出很濃厚的報恩觀念和思想，有些人認為六祖慧能還是六根未淨，凡塵未了。不是的，大乘佛教講慈悲為懷，普度眾生，佛教也講報恩，並有《大方便佛報恩經》，但佛教的報恩不僅僅是孝，除了孝敬父母，讓他們有物質的享受外，更注重讓父母也參悟佛法，讓他們今生和來世都幸福和快樂，既有物質方面的，又有精神方面的，這才是真正的和最大的盡孝和報恩。所以，六祖慧能大師的報恩理念既是中國傳統文化的體現，又是佛教思想的實踐，把兩方面融會在一起，我們說六祖慧能把佛教中國化，這也是其中的一個道理。

六祖慧能大師說快要離開人世，其他弟子都傷心痛哭，唯獨神會神情自若。六祖就批評其他弟子，而表揚神會，目的也是要求人們保持一顆"平常心"，這樣遇到事情才會鎮靜不慌亂。

眾弟子聽到師父這樣說，都向師父行禮，然後圍坐在師父身邊，聽師父唱唸他的佛偈。六祖大師這首"真假動靜偈"是這樣的：

> 一切無有真，不以見於真。
> 若見於真者，是見盡非真。
> 若能自有真，離假即心真。
> 自心不離假，無真何處真。
> 有情即解動，無情即不動。
> 若修不動行，同無情不動。
> 若覓真不動，動上有不動。
> 不動是不動，無情無佛種。
> 能善分別相，第一義不動。
> 但作如是見，即是真如用。
> 報諸學道人，努力須用意。
> 莫於大乘門，卻執生死智。

> 若言下相應，即共論佛義。
>
> 若實不相應，合掌令歡喜。
>
> 此宗本無諍，諍即失道意。
>
> 執逆諍法門，自性入生死。

當時，眾弟子聽完師父這首佛偈後，一齊向師父致禮，而且都領會師父的大意，人人都銘記於心，下決心按照這首佛偈去修行，今後再不敢爭辯。

弟子們知道師父不久就離開人世了，都想知道師父還有甚麼吩囑，其中法海上座再次叩拜師父，並問六祖大師："師父入滅之後，達摩祖師從印度帶來的衣缽袈裟應當傳授給誰呢？"

六祖大師說："我自韶州城中大梵寺為大眾弘法開始，一直到今天，大家都把我所講的東西抄錄下來，把它整理成冊，起名為《法寶壇經》，流行傳播。你們要好好地守持和保護它，互相傳播，一代一代地傳下去，教化眾生，讓廣大眾生都能夠得到解脫。你們只要按照《法寶壇經》的大意去弘揚佛法，就是正確的佛法。我現在只為你們講解佛法，而不再把達摩祖師從印度帶來的衣缽傳授給任何人，為甚麼呢？因為你們的慧根已經很純熟了，對佛法也已大體證悟了，再也沒有甚麼疑惑會難倒你們，可以擔當弘揚我南宗頓教禪法的重任了。另外，達摩祖師初來東土傳授佛法時，就曾經說過，只傳心法而不應該傳授衣缽的，當時他有一首佛偈說得很明白。他的佛偈是這樣說的：

> 吾本來茲土，傳法救迷情。
>
> 一花開五葉，結果自然成。"

六祖大師繼續說："各位善知識啊，你們每個人都要把心中的雜念清除掉，好好聽我為你們解說佛法。如果想要成就真正的佛法大智慧，必須要理解和踐行一相三昧和一行三昧。

"甚麼是一相三昧呢？不管在甚麼地方、甚麼時候、做甚麼事情，如果都能夠不執着於身體以外的所有事物的形相，即使在這些相體的影響下，都不會生出憎恨和愛慕，能夠做到既不去索取也不捨棄，不考慮對於自己有沒有好處、得失和成敗，安逸平淡地生活，保持平常的心境，這就叫做一相三昧了。

"甚麼是一行三昧呢？不管在甚麼地方、甚麼時候、做甚麼事情，他的説話、走路、居住、坐立、睡覺等等，都能夠保持着一顆正直的真心，在做佛事的時候，這顆真心達到安靜無動的狀態，它就會成為真正的無污染的淨土。這就可稱為一行三昧了。

"如果人具備了一相三昧和一行三昧，就會像在土地裏撒上種子，這些種子經過慢慢地孕育、發芽、生長、開花，最後就能結出成熟果實來。這一相三昧和一行三昧也是和這些種子同樣的道理。

"我現在為你們解説佛法，就好像久旱的土地遇到了一場及時雨，普遍享受到了滋潤。你們各人的佛性，就和種子一樣，在雨水甘露的滋潤下，都會發芽、生長、開花和結果。凡是繼承和發揚我南宗頓教禪法宗旨的人，就一定會得到無上菩提和佛陀的大智慧，凡是按照我的佛法去修行的人，就一定能夠修成正果。我有一首佛偈，你們好好聽着：

> 心地含諸種，普雨悉皆萌。
> 頓悟華情已，菩提果自成。"

💬 "一相三昧" 與 "一行三昧"

這裏的 "一相三昧"、"一行三昧"，一般人讀起來不大好理解，簡要地講，"相"就是身外事物的形相，"行"就是自己的言行，"三昧"就是定或禪定。六祖慧能大師要求對待任何一件事或觀念都不要執着不放，不要被它綁着自己，而是要保持平常心態，這就是"一相三昧"；自己的所有言行都正直無邪念，就是"一行三昧"。如果內外兩方面都做好了，那就是大智慧，就阿彌陀佛了。

六祖慧能說完他的佛偈後又說："佛法只有一種而沒有兩種，真心也是一樣，只有一種而沒有兩樣，佛道本來就是清淨沒有污染的，也沒有各種各樣的相體。你們每個人都要切記，千萬不要固執地強迫自己心地一定要安靜，也不要固執地強迫自己的心一定要空寂，因為人的心本來就是清淨和空寂的，既不可以索取，也不可以捨棄，用不着去強迫它。你們各人必須自己去努力，順着自己的因緣好好去做。"

這時，眾弟子一齊向六祖大師行禮，然後陸續退了出去。

過了數天，即這一年的七月八日，六祖慧能忽然又召集弟子，弟子們立即趕來。六祖慧能一副嚴肅的樣子，對他們說："我要回新州老家去，你們趕快去準備船隻。"

眾弟子真的不捨得六祖慧能離開曹溪回新州去，所以想盡一切辦法，苦苦挽留，但都無法改變六祖要回新州老家的主意。

六祖慧能誠懇地對弟子們說："在諸佛出世的時候，就已經很明白地指明了人最終會涅槃。所以，每個人都是從那裏來自然就會回到那裏去，這是很平常的道理和人生規律，這人生的規律是誰也改變不了的。我入滅之後的形骸，當然要回到它應該回的地方。你們又何必要苦苦挽留呢？"

眾弟子說："師父這次回去，甚麼時候才能返回曹溪呢？"

六祖慧能說："葉落了必然要歸根，回來時就再也無法張口告訴你們了。"

眾弟子又問："師父的佛禪正法，將要傳授給甚麼人？"

六祖慧能回答說："有道行的人自然會得到，無心的人自然會通曉。"

眾弟子又問："師父走了以後還會有甚麼災難嗎？"

六祖慧能沉思了一下，然後就對眾人說："我入滅之後大約五六年，會有一個人來取我的頭顱。我有一個預言，你們聽着：

> 頭上養親，口裏須餐。
>
> 遇滿之難，楊柳為官。"

六祖慧能接着又說："我入滅七十年後，會有兩位菩薩從東方走來，其中一位是出家的菩薩，另一位是在家的菩薩，兩位菩薩同時行化度眾，振興我的頓教法門，建立我的南宗禪，廣泛修建廟宇，使我的南宗禪頓教法門昌盛起來。"

💬 佛教祖師排序

六祖慧能大師列出從印度到中國的祖師排序，似乎不大可能，一是因為這些祖師中有些不一定有其人，而且，這樣的順序也不一定對；二是六祖是文盲，沒有進佛學院修煉過，對印度歷史上的祖師不一定熟悉。所以，有人認為這段文字是後人添加的。但它有助於我們了解印度佛教至中國禪宗縱向發展的大致情況。

眾人又問："不知道從佛祖誕生以來，一直傳續到現在，一共傳了幾代呢？希望師父為我們開示解說。"

六祖大師回答道："以前諸佛應化出世，已經很多了，如果都排列出來那就無法計算。現在如果以七佛為開始，那經過莊嚴劫的諸佛是：毗婆尸佛、尸棄佛、毗舍浮佛。經過今賢劫的諸佛是：拘留孫佛、拘那含牟尼佛、迦葉佛、釋迦文佛。這就是七佛。"

六祖大師繼續説："以上七佛,如果以釋迦文佛為開始傳授算起的話,那麼,一共有三十三祖。這三十三位祖師是這樣排列順序的:一祖,摩訶迦葉尊者;二祖,阿難尊者;三祖,商那和修尊者;四祖,優波毱多尊者;五祖,提多迦尊者;六祖,彌遮迦尊者;七祖,婆須蜜多尊者;八祖,佛馱難提尊者;九祖,伏馱蜜多尊者;十祖,脅尊者;十一祖,富那夜奢尊者;十二祖,馬鳴大士;十三祖,迦毗摩羅尊者;十四祖,龍樹大士;十五祖,迦那提婆尊者;十六祖,羅睺羅多尊者;十七祖,僧伽難提尊者;十八祖,伽耶舍多尊者;十九祖,鳩摩羅多尊者;二十祖,闍耶多尊者;二十一祖,婆修盤頭尊者;二十二祖,摩拿羅尊者;二十三祖,鶴勒那尊者;二十四祖,師子尊者;二十五祖,婆舍斯多尊者;二十六祖,不如蜜多尊者;二十七祖,般若多羅尊者;二十八祖,菩提達摩尊者;二十九祖,慧可大師;三十祖,僧璨大師;三十一祖,道信大師;三十二祖,弘忍大師。我盧慧能呢,就是三十三祖了。

"以上的各位祖師,每位都有各自的稟受和繼承。所以,從今以後,你們也應當把我的南宗禪法一代一代地傳授下去,不要讓它斷絕和生出錯誤來。"

關於六祖大師所列出的上述各位祖師及排列順序,不同版本的《六祖壇經》可能會有一些出入,但總體出入不大。尤其是菩提達摩大師至六祖慧能大師的排位是一致的。

葉落歸根

　　六祖慧能在曹溪寶林寺對弟子們提出的所有問題，作了最後的開示和解說，他覺得已交代完畢，了無牽掛，可安心回新州老家了。於是，他問眾弟子，我叫你們準備好船隻，你們準備得怎樣？

　　眾弟子只好分頭去準備，經過幾天忙碌，一切都已就緒。六祖慧能於是擇日回新州老家。

　　唐先天二年（713）七月某日，六祖慧能帶上法海、神會、志誠、慧忠、志徹、行思、懷讓等弟子正式啟程回新州。

　　唐代嶺南還是較落後的地方，陸路交通不便，從韶州到新州要翻山越嶺、長途跋涉，對高齡的六祖慧能來說將會是很艱辛的旅程。所以，六祖慧能一行便選擇了水路。他們乘船沿北江順流而下，再轉入西江逆流而上。

　　有一天，六祖慧能經過端州，即現在的肇慶市，夜幕降臨，六祖等人決定在這裏停留一晚。他們離船上岸，只見端州城內人來人往，熱鬧繁華。而在城西的一座小山岡上，有一間小屋，在喧囂的鬧市中寧靜安憩，他們就在這座小屋住下。正是六祖慧能在這裏小住，卻在古端州留下了聖蹟，成就了一座千年名剎 —— 梅庵。

　　原來，六祖慧能生性好梅，第二天清晨，他在山岡上散步，就在山岡上插了一株梅，六祖慧能離開這裏不久，這株小梅樹就慢慢長大，枝繁葉茂，到冬天時，梅花滿枝頭，妊紫嫣紅，引來遊人觀賞。

六祖慧能還見山岡上有一口古井，但這口井已乾涸，六祖慧能於是用禪杖往井裏一插，只見清泉噴湧而出，而且泉水甘甜可口。

到宋至道二年，即公元 996 年，這時六祖慧能圓寂已約三百年，端州有一位名叫智元的和尚，不知是六祖的第幾代徒孫了，為了紀念六祖，他在山岡上建庵，取名為梅庵。人們也把山岡上的這口古井稱為六祖井。

這座紀念六祖的梅庵，大門上方寫着"梅庵"兩字，大門兩邊寫有"梅抱泉光浮白上，門排山色送青來"的楹聯，顯得莊嚴肅穆；內有山門、六祖井、大雄寶殿、祖師殿、六祖插梅塑像等景點。梅庵體現了宋代建築的風格和特色，尤其是大雄寶殿保存了唐宋結合建築特點，其斗栱設計令人稱絕，在我國古建築的結構上、建築藝術上和建築技術史上，都有很高的研究價值。梅庵是國家級文物保護單位。

六祖慧能一行離開端州，繼續乘船取道允水（即今新興江）逆流而上，直抵新州治所筠城，入住夏院寺（即今倉夏村，寺院已廢），這裏距離六祖故居龍山國恩寺還有幾十里的路程。這夏院寺在當時是國恩寺的下院，為方便來往的僧尼、信眾而建。六祖慧能從韶州到新州，一路顛簸勞累，弟子們便精心安排，讓師父在這裏安然歇息。

第二天一早，歸家心切的六祖慧能又帶着眾弟子，馬不停蹄地改道陸路繼續着回家的旅程。

而在六祖慧能的老家夏盧村和龍山，六祖慧能回家的消息不脛而走，當地的官員、僧尼、信眾、鄉親，個個奔走相告，他們都為六祖回歸故里而分頭準備，他們都盼望這一天的到來。在六祖慧能回到龍山這一天，數千人聚集在龍山腳下，列隊夾道歡迎。只見彩旗招展，鑼鼓喧天，人聲鼎沸；國恩寺張燈結綵，鐘鼓齊鳴。這是新州有史以來最熱鬧和最隆重的一天。

六祖慧能看見這隆重和熱鬧的場面，不禁浮想聯翩，百感交集，想起

自己 24 歲離開家鄉北上求法，經過了五十多年的風雨歲月，現在終於又
回到了生養自己的故土。他一一叩拜長輩，問候兒時夥伴；他仰望着已被
皇上賜封為國恩寺的故居，仰望着剛落成不久的報恩塔，凝視着中宗皇帝
親手所書的"敕賜國恩寺"牌匾，無不觸景生情。

在眾人的簇擁下，六祖慧能及眾弟子們進入國恩寺，經弟子們的精心
佈置安排，六祖慧能就在國恩寺安頓下來。

六祖慧能是一位有着濃重報恩思想的祖師，他躺在床上，嚴父慈母的
面孔不時浮現在眼前。是啊，沒有父母的生養，哪有我慧能的今天。所以
第二天一早，他就急忙起床，來到父母墳前，雙手合什，深深鞠躬叩拜，
他用這無聲的鞠躬叩拜，來表達對父母的所有感激和報答，也用這無聲的
鞠躬叩拜，來永遠銘記父母的養育之恩。

國恩寺是廣東省的一座名剎，它與廣州的光孝寺、韶關的南華寺合稱
為南宗禪的三大祖庭，被視為"嶺南第一聖域"、"中國禪文化的發祥地"、
"祖庭中的祖庭"，是六祖慧能出生、圓寂、弘法的聖地，也是《壇經》輯
錄的地方，在中國佛教史上有着重要的地位。

國恩寺是甚麼時候興建的呢？有的人說是唐代高宗弘道元年，即公元
683 年，六祖慧能命弟子在新州龍山故居修建的，當時叫報恩寺。但這種
說法好像沒有很充分的根據。一般認為是唐中宗神龍元年，即公元 705 年
中宗皇帝禮請六祖慧能入京供養，而六祖慧能婉辭，中宗皇帝賜慧能新州
龍山故居為"國恩寺"才是它的始建年代。

在神龍元年建寺後，到宋代已日漸破舊，所以在宋代紹興年間進行了
重修，明代永樂年間再次修葺，此時香火非常鼎盛。此後，則逐漸式微，
寺田被豪強侵佔，寺產被變賣，僧舍殿堂坍塌。到明隆慶元年（1567），
知縣鄧應平籌資重修。從此以後，國恩寺才不斷擴建，規模不斷擴大：明
萬曆二十六年（1598），名士歐真義建成觀音殿；明萬曆四十四年（1616），

知縣陶若曾建成浴身亭；萬曆四十六年（1618），知縣吳士熙等人建成了第一山門牌坊，並開鑿了寺前鏡池；萬曆四十八年（1620），方丈自現法師籌建金剛樓和禪房；崇禎六年（1633），名士潘尚茂建成經堂；崇禎十二年（1639），潘稷建珠亭；清順治七年（1650）再次重修，舉人麥安建法堂、名士美符重修山門石橋等。至此，國恩寺才形成較大的規模。

到 20 世紀“文化大革命”期間，國恩寺遭到了嚴重的破壞。改革開放後，1983 年進行了重修，山門牌坊、天王殿、大雄寶殿、六祖殿、方丈室、客堂、禪堂、報恩塔、六祖紀念堂、卓錫泉、浴身池等都已修復，後還建成了藏經樓、鐘鼓樓、經堂、普同塔、焚香亭、僧舍等建築，形成了現在的規模。

六祖慧能回到龍山國恩寺後，各方前來禮拜、問法的僧尼、信眾越來越多，加上從韶州曹溪寶林寺跟隨而來的眾多弟子，國恩寺一下子就興旺起來，但隨之而來的是眾人的飲水出現了困難。為了解決僧尼、信眾的用水問題，六祖慧能手拿禪杖，在國恩寺周圍轉了一圈，然後舉起禪杖插在寺旁一塊空地裏，只見一股清泉噴湧而出，而且水質甘甜清涼，眾人見狀無不歡欣鼓舞，他們立即在此處挖井，從此，解決了用水的困難。

奇怪的是，這口建在山岡地勢較高的地方的井，雖然經歷了一千多年，但不管是春夏雨季還是秋冬乾旱，它的水位始終保持不變，既不會因洪澇而漫溢，也不會因大旱而乾涸，成了國恩寺中的一大聖蹟，人們就把它稱為卓錫泉，是來寺參觀的遊人必看的景點。

更為奇怪的是，20 世紀 90 年代，一位從未踏足過內地的台灣藝人，有一天晚上做了一個夢，夢中浮現出新興國恩寺聖境，尤其是寺後這口卓錫泉。他醒來覺得離奇，怎麼會有這樣的夢境，真的有夢中的國恩寺及卓錫泉嗎？為了解開這個謎團，他專程來到新興，在當地人的引導下來到國恩寺，果然見到了這口卓錫泉。他覺得佛緣無邊，千載難逢，於是，立即捐資，在井旁豎立卓錫泉的碑記，讓遊人瞻仰。這是另外的話題了。

六祖慧能卓錫引泉，解決了寺內眾人的飲用水問題，但他還是設法不與眾人爭用井水，於是他又在離這口井不遠的地方，用一片樹葉插入石縫中，只見一滴一滴的清泉沿着樹葉滴下，六祖慧能用木桶接着，剛好一天滴夠一桶，用來沐浴。後人為紀念六祖，在此處建了浴身池。

各位讀者如有機會到國恩寺就可以參觀卓錫泉和浴身池等景點。

在國恩寺居住期間，鄉親鄰里都常常來國恩寺看望他，六祖慧能看到鄉親們對自己如此厚愛，想到自己快要離開人世了，怎樣才能報答鄉親，怎樣才能在自己走後仍能為鄉親們造點福呢？他想起家鄉種果樹的習俗，尤其是遠近聞名的新興香荔。於是，他決定種一棵荔枝來蔭惠後人。

有一天，六祖慧能對弟子們說：＂我們弘揚禪法的目的是普度眾生，讓大眾都得到解脫。我年老體弱，而且很快就要離開人世，不可能再做大事了，只有種植一棵荔枝，還可以帶給後人一些果實；而弘法利生的大任只能由你們去擔當了。種植荔枝與弘法一樣，都要不斷成長、開花結果，你們要好好地去弘揚禪法。＂於是，六祖帶着弟子，在國恩寺旁邊挖土，親手種下了荔枝樹苗。

🗨 晚年回到國恩寺的日子

六祖慧能回到老家故居國恩寺的這段日子，是他一生中的最後時光，按理說，他當上祖師，算是功成名就、衣錦還鄉、光宗耀祖了，在生命的最後時刻，理應不用再操心了。但他每時每刻都想着別人，看見弟子們用水困難，就設法解決。特別是親手種植荔枝樹，臨死前還想着死後能留給後人甚麼好處，可謂好事做盡。真不愧為禪聖、祖師，不愧為大智慧，不愧為做人處事的楷模。

　　六祖慧能親手種植的這棵荔枝樹，至今已有一千三百多年的歷史了，它與國恩寺一樣歷盡滄桑而依然挺立。正如清代有位舉人寫了一首詩來讚頌這棵荔枝，詩云：“吾師手所植，樹老蟲不蛀。一千二百歲，曠劫等閒度……”尤其是“文化大革命”時期，國恩寺受到了嚴重的破壞，這棵荔枝也難逃厄運，被紅衛兵用火焚燒，樹幹中間被燒壞，現在用手伸進去還可以取出當時被燒枯的木炭，整棵樹被燒得奄奄一息。但它仍然以不屈的力量延續着生命。到改革開放的時候，它又煥發青春，重新長出新枝。後經人們重點護理，現在又枝繁葉茂，每年都果實纍纍，被人們奉為“佛荔”、“聖樹”。據廣東省古樹專家的鑒定，這是廣東省果樹樹齡最長的荔枝，堪稱長壽樹。每年掛果之時，國內外的信眾都會趕來朝拜和品嚐，追思六祖慧能的佛禪大法。

　　人們還利用現代科學技術，從這棵古佛荔中嫁接出第二、第三代樹苗，供信眾遊人種植和結緣。

入滅坐化

公元 713 年，即唐玄宗先天二年八月三日，六祖慧能用完齋，沐浴更衣，然後把在國恩寺裏的所有弟子都召集在一起，鄭重地對他們説，你們各人都依次坐好，我要與你們辭別了。

弟子法海問道："師父將留下甚麼教人的方法，使今後那些迷誤的人能夠悟見佛性呢？"

六祖大師説："你們各人都要用心認真聽着，今後那些迷誤的人，如果識得眾生，就是悟見了佛性，如果不識眾生，那即使是經歷萬種劫難，也難以找到真佛。我現在教你們怎樣認識自心眾生，如何悟見自心佛性。不管是誰，如果想悟見佛性，只有認識眾生這一辦法，為甚麼呢？原因在於眾生迷誤了自己的佛性，而不是佛性迷誤了眾生。可以這樣説，如果自性開悟，那麼，芸芸眾生都是佛，如果自性迷誤，則佛也是眾生。

"如果自性平等，所有眾生都是佛，如果自性邪惡，則佛也是眾生。你們各人如果心術不正，總是想一些歪理，這樣佛就在眾生之中，如果你們心裏正直，沒有邪念，這樣，一切眾生都可以成佛。我們自己心中本來就是有佛的，自己心中的佛才是真正的佛。如果自己心中無佛，那到哪裏去找真佛呢？你們各人自己的心就是佛，這一點你們千萬不要懷疑。在心之外沒有任何佛法，一切佛法都是從心中產生出來的。所以佛經裏曾説：心生則各種佛法也隨之而生，心滅則各種佛法也隨之而亡。我現在留下一首佛偈給你們，我就與你們永別了，這首佛偈叫做《自性真佛偈》，後世之人，只要認識這首佛偈的大意，自然就會悟見自己的本心，自然就能夠自成佛道了。”

六祖慧能的《自性真佛偈》是這樣的：

真如自性是真佛，邪見三毒是魔王。
邪迷之時魔在舍，正見之時佛在堂。
性中邪見三毒生，即是魔王來住舍。
正見自除三毒心，魔變成佛真無假。
法身報身及化身，三身本來是一身。
若向性中能自見，即來成佛菩提因。
本從化身生淨性，淨性常在化身中。
性使化身行正道，當來圓滿真無窮。
淫性本是淨性因，除淫即是淨性身。
性中各自離五慾，見性剎那即是真。
今生若遇頓教門，忽悟自性見世尊。
若欲修行覓作佛，不知何處擬求真。
若能心中自見真，有真即是成佛因。
不見自性外覓佛，起心總是大癡人。
頓教法門今已留，救度世人須自修。
報汝當來學道者，不作此見大悠悠。

何為“涅槃”？

六祖慧能走了，按佛教說是涅槃了。怎樣理解涅槃呢？《涅槃經》對涅槃是這樣解釋的：“滅諸煩惱，名為涅槃”，就是佛教理論四諦中的滅諦。所以我們不能把涅槃簡單地理解為"死",而要理解它更豐富的含義,如解脫、寂靜、彼岸、圓滿、圓寂、清淨等等,是佛教最高理想境界。唐三藏玄奘大師就把涅槃譯為"圓寂",圓指圓滿,寂指靜寂,即修得了一切功德,而滅絕了一切煩惱,清除了一切污染。

佛、法、僧是佛教的三寶,六祖慧能給世人留下了至高無上的法寶 —— 禪宗頓教法門。這種法門的意義,不僅僅在於它成為中國佛教的主流,更重要的是它教人怎樣做人和處世。我們要好好領會、運用六祖慧能的思想和智慧。

六祖慧能唸完這首佛偈後就對弟子們說:"你們坐好,不要走動,我離開人世後,千萬不要像世俗人家那樣悲傷哭泣,不要接受其他人的憑弔,不要身穿孝服,否則,就不是我的弟子,也不是真正的佛法。只要認識自己的本心,悟見自己的本性,做到無動無靜,無生無滅,無去無來,無是無非,無住無往。我怕你們心裏迷誤,不領會我的旨意,現在再次囑咐你們,讓你們認識自己的佛性。我入滅之後,你們按照我所講的佛法去修行,就如同我在世的時候一樣,你們如果違背了我的南宗頓教禪法,即使是我還在世,也沒有甚麼益處。"

接着,六祖慧能又說了一首佛偈:

> 兀兀不修善,騰騰不造惡。
>
> 寂寂斷見聞,蕩蕩心無着。

說完佛偈,六祖慧能端坐至半夜三更時分,忽然對弟子們說:"我去了。"然後安靜地入滅遷化,世壽 76 歲。

就在六祖慧能入滅的時候,發生了火燒國恩寺錄經堂的事件。

　　原來，法海、神會等弟子，隨六祖慧能回到國恩寺後，他們一方面侍候好師父，聽師父臨終前的說法開示和囑咐，同時又趁師父還在世，加緊整理師父自韶州大梵寺以來說法的記錄，尤其是把師父在國恩寺期間的說法，整理成咐囑品，完成《壇經》的輯錄整理工作，所以專門設立了"錄經堂"。

　　六祖早就對弟子們說過，往後弘法，只要傳授《壇經》就是他的弟子，只要按照《壇經》去修行，就是南禪頓教的宗旨。所以《壇經》是法寶。但是，一些妖魔鬼怪、邪門歪道卻非常害怕《壇經》輯成，流行於世，對它們不利，於是經常前來破壞搗亂輯錄整理工作，但終因六祖慧能還在世護持而不能得逞。現在，六祖慧能剛入滅，它們以為時機已到，於是，趁夜深人靜的時候，潛入國恩寺放火燒錄經堂，妄想把《壇經》稿本燒掉，不讓它傳世流行。

　　弟子們見錄經堂起火，都紛紛前來救火。尤其是神會和法海，奮不顧身，一馬當先，衝進火場，他們用身體和佛法護衛着《壇經》稿本，大火把他們的臉、手燒傷都不顧，經過眾人奮力撲救，終於撲滅了大火，正法戰勝了邪魔，保住了《壇經》稿本。

　　神會和法海為保護《壇經》稿本立了大功，如果沒有他們奮不顧身的行為，可能就沒有《壇經》流行於世。所以，眾弟子非常崇敬神會和法海，稱他們為護法羅漢。為了紀念這兩位護法高僧，後人就把他們的法相供奉在國恩寺大雄寶殿兩旁，與其他的十八位羅漢一起供養。所以國恩寺大雄寶殿兩旁比其他寺院的大殿多出了兩位羅漢，即二十位羅漢，原因就在於此。

　　根據文獻的記載，六祖慧能入滅的時候，還出現了一些奇特的現象。當時室內充滿了一股奇異的香氣，遍地白虹，漫山遍野的林木變成了白色，禽鳥放聲哀鳴。弟子們環跪在師父的法體真身的周圍，雙手合什，默默誦唸。忽然間，六祖真身化成一道白光向門外飛去，而真身不見了，弟子們一下子驚呆了，他們分頭在室裏室外去尋找，但都找不到六祖的真身。

第二天，弟子們順着昨天晚上那道白光飛去的方向去找，他們來到了離國恩寺幾里路的寺田村，發現村旁的一條山坑中，隱現着白光，來到坑口，瀑布飛濺，宛如幕簾，瀑布飛入潭中，潭水清澈見底。進入坑內，兩邊石壁直立如削，幾塊大石如"四大金剛"把守着坑口，向坑中深處望去，正中央有一塊巨石，形似"韋陀"，只見六祖慧能盤腳端坐在大石上，兩手合什，雙目微閉，神態祥嚴。頭上還白光環繞，眾弟子見狀，紛紛匍匐叩拜，齊聲誦唸佛經，六祖慧能頭上的白光才慢慢散去。當然，這多少有些傳奇和傳説的色彩。

後人為了紀念六祖慧能在這裏坐化，就把這條坑稱為"藏佛坑"，把坑中的水潭稱為"化身潭"，把坑中的大石稱為"化身巖"。有關方誌文獻均有記載。清代嘉慶年間的舉人陳在謙還寫了《化身潭記》。

關於"藏佛坑"的來由，還有其他的説法。有人認為，新州當地的弟子，為了能夠把六祖真身留在國恩寺供養，不被廣州和韶州的弟子們請走，偷偷地把六祖真身背到這條坑中藏起來。還有人認為，六祖慧能早年就是在這一帶上山打柴，對周圍很熟悉，晚年回到國恩寺後，人多雜亂，於是，帶上一些貼身弟子，來到這清幽的地方，作最後的交代和説法。所以，六祖慧能是在這條坑入滅坐化的。這些説法似乎也有一定的道理。

但不管怎樣説，"藏佛坑"還是相對原生態、風景優美的好去處。當地擬準備在這裏建設六祖禪文化村，供遊人瞻仰和研習。

真身歸宿

六祖慧能圓寂了，但六祖的真身應該放在哪裏供養呢？新州、廣州、韶州三地的官員、僧尼、信眾都爭着供養六祖真身。新州方面說，六祖慧能出生、圓寂在新州，所以，他的真身應該放在國恩寺供養；廣州方面說，六祖慧能剃度、受戒在廣州，所以，他的真身應該放在法性寺供養；韶州方面說，六祖慧能在韶州弘法時間最長，所以，他的真身應該放在寶林寺供養。三個地方爭來爭去，互不相讓，無法做出決定。

後來，有人提議，點燃一炷香，香煙飄向哪一方，大師真身就放在那裏供養。當時三地的官員想不出其他更好的主意，只好同意這個辦法。於是，在國恩寺旁邊的一塊空地上，點燃了一炷香，只見一縷青煙嫋嫋升起，突然一股南風吹過來，青煙隨着南風向北飄去，大家見到此情景，都認為不要爭了，這是天意，也許是六祖的意願，往北就是韶州了。於是，弟子們和僧眾把六祖慧能的真身，暫時安放在佛龕裏，再擇日護送回韶州寶林寺供養。

然而，新州當地的官員、僧尼和信眾還是悶悶不樂，他們始終不明白，為甚麼六祖慧能出生和圓寂都在家鄉，而他的真身卻不能在家鄉供養？所以他們對此耿耿於懷。有一天晚上，六祖慧能就託夢給家鄉的鄉親們：你們不要再為此事煩惱了，我是身在韶州寶林，心在家鄉，我會保佑家鄉；任憑天下怎麼旱，家鄉都會有一半的收成；任憑天下怎麼亂，家鄉都永無憂。第二天，鄉親們互相告知六祖託夢的事，所夢見的都是一樣。於是，新州的官員和信眾就再也沒有為這件事煩惱了。而新州正是有六祖慧能的保佑，所以歷來都是風調雨順，沒有發生甚麼大的饑荒。

在離國恩寺沒有多遠的地方，有一塊地叫"香燈崗"，就是當時三地官員點香指向的地方，這個點沒有開發，還是一片農田，聽說當地準備要開發這個景點，以供人們瞻仰禮拜。

點香指向決定六祖慧能真身的歸宿，平息了三地的爭議，一致同意大師真身放在曹溪寶林寺（南華寺）供養。於是，六祖慧能的法嗣弟子，三地的官員、僧尼和信眾都在為護送六祖真身回寶林寺做各方面的準備；在韶州曹溪寶林寺，所有的僧眾也在為迎接六祖真身的回歸而忙碌着。

唐先天二年（713）十一月十三日，風和日麗，天高氣爽。這一天，是六祖慧能真身回歸寶林的日子。六祖的弟子們，還有三地的官員、僧尼和信眾，護送着六祖慧能真身的佛龕以及祖傳衣缽，浩浩蕩蕩向韶州曹溪進發。六祖慧能終於又回到他弘法利生三十幾年的寶林道場。

到第二年七月二十五日，寶林寺所有僧尼都聚集在一起，為六祖慧能真身出龕舉行隆重儀式。隨後，由六祖的弟子、塑像專家方辯用香泥裹塑六祖真身，成了六祖真身的標準法相，經歷了一千三百多年而不變。

弟子們想起師父生前曾說過他入滅五六年後，有人會來取他的頭顱的預言，於是，用鐵片漆布牢固地包裹住六祖的脖子以防他人盜取。然後把整個六祖慧能真身安放入墓塔裏。大師真身入塔的那一剎那，忽然塔內射出一道白光，直衝天空，經三日後才慢慢散去。

韶州官員把六祖的事蹟上奏朝廷，並奉皇帝諭令為六祖立碑，記錄大師一生的道行。

碑記說：六祖享年 76 歲，24 歲接衣缽成為第六代祖師，39 歲剃度受戒，弘揚佛法，利樂眾生 37 年。接法弟子 43 人，其他覺悟佛性、超凡脫俗的信眾不計其數。達摩祖師所傳袈裟信物、中宗皇帝所賜磨衲袈裟和水晶衣缽以及方辯所塑大師真身法相、佛法道具等，一併放入塔中，以永鎮寶林道場。《法寶壇經》流布四方，彰顯南禪頓教宗旨，興隆佛、法、僧三寶，利樂廣大眾生。

六祖慧能真身入塔後，寶林寺派出專人來守護。所以墓塔一直安然無事。至唐開元十年（722）八月初三日，弟子令韜守塔，到半夜時分，忽然聽到塔內有叮噹叮噹像搖鐵鏈的響聲，令韜叫醒所有僧眾趕來，只見一個披麻戴孝的男子從塔中走出來。僧眾入塔內查看，見大師真身脖子有被刀砍的痕跡，於是，寶林寺把賊人偷盜六祖頭顱一事上報州縣衙府。

當時縣令楊侃、刺史柳無忝接到報案，立即派出官兵搜捕捉拿，到八月初五日，終於在石角村將賊人捉拿歸案，押解到韶州。經審問，賊人如實招供。

原來，這個賊人姓張，名叫淨滿，是汝州梁縣人，母親去世卻無錢辦喪事，在洪州天元寺，遇見新羅僧人金大悲，金大悲給了張淨滿二十千錢，叫他去寶林寺偷取六祖慧能的頭顱，以便把六祖的頭顱帶回新羅供養。

柳無忝聽了張淨滿的供狀，未馬上對張判罪，他親自前往曹溪寶林寺，把賊人的供狀告訴僧眾，然後問令韜如何處置這個賊人。

令韜想了一下，對柳無忝說：“如果以國法而論，這個賊人應該被處死，但如果以佛法慈悲而論，則不管冤還親都是平等的，而且，張淨滿是為了得到錢好為母親辦喪事，是孝子，金大悲是想得到六祖慧能的首級帶回去供養，本意是好的，所以，可以寬恕赦免他們兩人的罪行。”

柳無忝聽後深有感觸地說：“現在才真正知道佛法慈悲廣大呀。”於是，赦免了張淨滿。

讀者是否還記得，六祖慧能臨終前曾告訴弟子說他入滅後會有人來盜取他的頭顱，而且還說出“頭上養親，口裏須餐。遇滿之難，楊柳為官”的預言。現在看來，預言不但應驗，甚至把賊人的名和縣令、刺史的姓都預見到了。

受封與褒揚

　　六祖慧能圓寂前後都受到了朝廷的賜封和嘉獎。

　　六祖慧能早在寶林寺弘法的時候，武則天和中宗皇帝就先後兩次降詔，迎請六祖入京供養，後賜給六祖慧能水晶衣缽、袈裟、綢緞布匹等物，還賜額寶林寺為中興寺，賜龍山故居為國恩寺，中宗皇帝親書“敕賜國恩寺”匾額。

　　六祖圓寂後，他的真身及衣缽等物品一起存放在寶林寺靈塔中供養，他的弟子令韜日夜守衛着師父的靈塔，成了守塔主。唐開元四年，即公元716年，玄宗皇帝詔請令韜入京供養，令韜以他的師父六祖為榜樣，以有疾為由而沒有前往。乾元元年（758），廣州刺史韋利見上奏朝廷，請求送六祖袈裟和令韜和尚入宮內供養，得到孝感皇帝批准，但令韜還是以老疾為由而不去，後派了弟子惠象及家人永和護送六祖袈裟入宮。玄宗感謝惠象，於是賜給他紫羅袈裟。

　　但是，關於六祖慧能的袈裟入京供養，也有另一種説法，説是上元元年（760），唐肅宗派使者來寶林寺迎請六祖慧能法衣入宮內供養，所以，六祖慧能的袈裟從那時起就一直供養在宮內。而且肅宗皇帝派使者來曹溪時，還令使者送來和香，在六祖龕前燃香供奉，當時龕中曾射出一道虹光，直衝雲霄。

　　到永泰元年（765）五月初五日，唐代宗皇帝晚上做了一個夢，他夢見六祖慧能前來要求把袈裟歸還曹溪寶林寺，於是，代宗皇帝於五月初七降旨，令人護送袈裟回曹溪。當時的聖旨説：

朕夢感能禪師請傳法袈裟卻歸曹溪，今遣鎮國大將軍劉崇景，頂戴而送。傳法袈裟是國之寶，卿可於能大師本寺，如法安置。專遣眾僧親承旨者，嚴加守護，勿令墜失。

所以，在永泰元年，代宗皇帝不但把六祖慧能的袈裟送還曹溪寶林寺供養，還把六祖慧能的傳法袈裟視為國寶，要派出僧眾來守護。

六祖慧能入滅約二十年後，他的弟子之一神會北上弘揚六祖的南宗禪，駐錫河南的南陽龍興寺，在那裏，神會遇見了時任殿中御史的大文學家王維，因為王維一直生活在北方，平時所見所聞均是神秀的北宗禪法，而對六祖的南宗禪法卻未有所聞，所以，當神會向他講解六祖南禪時，王維開始時只覺得新鮮，後來慢慢地就知道南宗禪才是真正的佛禪大法。他對南陽的官員説："此南陽郡有好大德，有佛法甚不可思議。"於是，當神會請他為六祖慧能寫碑銘時，王維二話不説，即席揮毫，寫出了《六祖能禪師碑》，把六祖慧能一生的主要行跡及佛禪機理作了恰如其分的表述。

唐代元和十一年，即公元 816 年，當時嶺南節度使馬總覺得六祖慧能一直以來沒有封號，這與他的身份和地位是不相符的，於是他表奏朝廷，請賜封六祖慧能謚號。憲宗皇帝接奏後，馬上下詔，賜謚慧能為 "大鑑禪師"，安放六祖真身的龕塔為 "靈照之塔"。當時，嶺南又掀起了一股追思六祖的熱潮。唐代另一位大文學家柳宗元剛好也在此時被貶南方，於是，他應眾人的邀請，撰寫了《曹溪第六祖賜謚大鑑禪師碑》，記下了當時人們追思六祖的情景："幢蓋鐘鼓，增山盈谷，萬人咸會，若聞鬼神。其時學者千餘人，莫不欣踴奮厲，如師復生；則又感悼涕慕，如師始亡。"

在柳宗元被貶南方的同時，唐代的另一位大文學家劉禹錫也被貶到了嶺南。柳宗元為六祖撰寫碑銘的三年後，即元和十四年（819），曹溪寶林寺的禪師道琳帶着他的門徒，專程登門拜訪劉禹錫，請他為六祖慧能寫碑銘。作為佛教信徒的劉禹錫本來對六祖就很崇拜和景仰，於是，立即撰寫了《大鑒禪師碑》，對六祖大加推崇："一方頓悟，不踐初地；五師相承，授以寶器；宴坐曹溪，世號南宗。"由於柳宗元的碑在先，所以人們把劉禹錫的碑稱為"第二碑"。

🗨 六祖慧能的功績

六祖慧能既是佛教禪宗的祖師，又是一位傑出的歷史人物和思想家，毛澤東稱他為偉人，恰如其分：一、他受到歷代皇帝的嘉獎；二、唐代三大文豪——王維、柳宗元、劉禹錫為他寫碑銘；三、他完成了佛教中國化，創造出具有中國特色的佛教——禪宗南宗，成為中國佛教的主流，並傳播到世界各地；四、佛教典籍分經、律、論三藏，經是佛的言說，《壇經》是中國人寫的唯一一部佛經，所以，慧能是中國人唯一的一位佛。

唐代三大文豪都為六祖慧能撰寫碑銘，這在中國歷史上是少有的。三人所寫的碑銘，成了研究、了解六祖慧能的重要文獻之一。

唐憲宗皇帝於元和十一年（816）賜諡六祖慧能為"大鑒禪師"，開賜諡六祖大師封號之先河，後來各朝皇帝也多有賜諡。

宋太宗至道三年，公元 997 年，在曹溪新建一座七層木塔用以安放六祖慧能真身及衣缽袈裟法器等物，並加諡六祖慧能為"大鑒真空禪師"，把這座塔稱為"太平興國之塔"。

宋仁宗天聖十年，公元 1032 年，迎請六祖慧能真身像以及衣缽入大內供養，加諡六祖慧能為"大鑒真空普覺禪師"。

宋神宗時，加諡六祖慧能"大鑒真空普覺圓明禪師"。

至元代仁宗時，加諡六祖慧能為"大鑒真空普覺圓明廣照禪師"，還下聖旨免除差役和保護南華寺。

明、清兩朝，歷代皇帝御賜物品，多次迎請六祖真身像入宮供養。明成化十三年，公元 1477 年，改木塔為磚塔，後見磚塔內部潮濕，不利六祖真身供養，於是改信具樓為祖殿，用以安放六祖真身像。

到清初，平南王尚可喜準備遷移六祖舊殿基址，遭到南華寺僧眾的反對，他們在致平南王的文書中說：“祖師肉身居此，神所憑依，至靈至異，自唐至今而不毀也。”

自唐以來的歷代帝皇，先後加謚六祖慧能封號，這在中國歷史上也是少有的。

更需要指出的是，中華人民共和國主席毛澤東，也對六祖慧能推崇有加，據說他經常帶着《六祖壇經》，一有空就拿出來讀。在“文化大革命”時期，他還派專人來廣東，令廣東人民出版社印刷了 500 本《壇經》全部帶上北京。有一次毛澤東來廣東，說廣東出了兩個偉人，問廣東的幹部是否知道，大多數人只知道孫中山而不知道六祖慧能，只有陶鑄知道。

《壇經》四種版本

　　六祖慧能在圓寂前，曾對弟子們說今後不再傳授衣鉢袈裟，只要傳授他的《壇經》，就是傳授和繼承他南宗頓教禪法的宗旨。那麼，《壇經》是一本甚麼樣的書呢？下面就簡要介紹一下。

　　佛教的文獻經典共分為經、律、論三種，也可稱為經藏、律藏和論藏。諸佛的各種言論說教稱為經；一般的和尚、羅漢等解釋佛經的各種言論說法稱為論；佛教界內的所有規章、戒條等則統稱為律。在中國佛教禪宗發展歷史上，曾湧現出很多著名的禪師、和尚，他們有許多精彩名言和著作，但他們的名言和著作只能稱為論。中國人寫的佛禪著作中，唯一被稱為"經"的就只有六祖慧能的《壇經》，如果從"經"是佛的言論說教這個角度來說，可以說六祖慧能是唯一的一位中國佛了。

　　所有的佛經不一定是佛親手寫的，大多數都是他的弟子把他的言說記錄整理而成。《壇經》也不是六祖慧能親手寫的佛教著作，況且六祖慧能連字都不認識，根本不可能寫書。事實上，《壇經》是六祖慧能的貼身法嗣、弟子法海等人把六祖慧能平時對大眾的說法和對弟子們的說法記錄下來，再經過整理而成的。整部《壇經》集中體現了六祖慧能的主要佛禪機理，內容上大概包括三大部分：一是六祖慧能的家世和生平；二是六祖慧能對大眾和弟子們的說法；三是六祖慧能與弟子們的對話問答、臨終囑咐和身後的情況。

　　《壇經》，在六祖慧能在世時就由許多僧俗輯錄整理而成，但最初輯錄整理的《壇經》可能在內容上還不是很完整，文字和結構方面還不是很規範，所以，在後來漫長的歷史發展中，《壇經》的內容得到不斷的充實和完善，文字和結構也不斷規範，從而形成了各種各樣的版本。有人認為《壇經》可能有幾十種版本，但經過學者們的研究，一般認為《壇經》主要有敦煌本、慧昕本、契嵩本和宗寶本這四大版本，其他的各種版本都是從這四大版本中派生出來的。下面分別介紹一下四大版本《壇經》。

敦煌本《壇經》這個版本的名字很長，全稱叫做《南宗頓教最上大乘摩訶般若波羅蜜經六祖慧能大師於韶州大梵寺施法壇經》，還有一個副題："兼受無相戒弘法弟子法海集記"，而在卷末則題為《南宗頓教最上大乘壇經法》。這個版本大概是在公元 780 年由法海編成的，總的字數一萬餘。

敦煌本《壇經》是 1923 年日本學者矢吹慶輝在倫敦大英博物館所藏敦煌文獻中發現的。為甚麼在英國發現呢？原來在 20 世紀初，敦煌的一位道士在藏經洞中發現了一批隋唐時期的文獻，消息一傳開，在世界上引起了轟動，各國的考古學者們紛紛來到敦煌，想方設法要得到這批文獻。其中有一個名叫斯坦因的英國考古學家也來到敦煌，他用很不光彩的手段買通了這位道士，得到了部分文獻並帶回英國，存放在大英博物館。

日本學者矢吹慶輝發現了這個版本《壇經》後，影印回日本進行整理並發表，從而引起了《壇經》和禪文化研究的熱潮。1934 年，日本學者鈴木大拙又對敦煌本《壇經》作了校訂。1943 年，北京大學向達教授到敦煌調查，從當地名士任子宜的藏品中也發現了一本名叫《南宗頓教最上大乘壇經》的禪宗文獻，1986 年中國社會科學院的楊曾文教授在敦煌博物館也查到了任子宜所收藏的《壇經》，經過對比和校勘，認為任子宜的藏品與日本學者在英國發現的是同一個抄本，所以把兩者統稱為敦煌本《壇經》。

慧昕本《壇經》這個版本題為《六祖壇經》，一萬四千多字，大概是在唐末宋初時候，由一個名叫慧昕的僧人改編整理而成，所以稱為慧昕本。慧昕在序言中曾說，古本的《壇經》文字繁雜，很不規範，人們閱讀起來會厭煩，所以他就進行了改編。

慧昕本《壇經》最早在日本京都堀川興聖寺發現，所以，人們又把這個版本稱為興聖寺本。另外，在日本大乘寺、真福寺和金山天寧寺也發現有《壇經》抄本，經過比較，原來這些抄本都是興聖寺本的異抄本。

契嵩本《壇經》這個版本的全稱為《六祖大師法寶壇經曹溪原本》，是由宋代的高僧契嵩，約於 1056 年改編而成的，所以稱為契嵩本，全書二萬多字。

為甚麼契嵩要改編《壇經》呢？宋代工部侍郎郎簡在《六祖法寶記敘》中講出了因由。原來，郎簡覺得《壇經》被很多人添加和刪改過，致使它文字鄙俚繁雜，很難辨別它的真假。他剛好遇到高僧契嵩寫《壇經贊》，於是就對契嵩說：“如果你能夠把《壇經》重新校訂，我便出錢把它印行，讓它廣泛流傳。”經過兩年時間，契嵩果然尋找到曹溪原本《壇經》，於是把它重新校訂，分成三卷。

在契嵩本的基礎上，又衍生出德異本和曹溪原本兩個版本。德異本名為《六祖大師法寶壇經》，在高麗（朝鮮）發現，原刻於元世祖至元二十七年（1290），現在還存世的有元大德四年（1300）和延祐三年（1316）的刻本。

曹溪原本名為《六祖大師法寶壇經曹溪原本》，大約在明成化七年（1471）刊印，它的內容和編排與德異本相同。

宗寶本《壇經》這個版本名為《六祖大師法寶壇經》，是由元代光孝寺僧人宗寶於至元二十八年（1291）編成的，所以稱為宗寶本，全書兩萬多字。

宗寶在《跋》中說，他見到三種不同版本的《壇經》，經過對比，發現不同版本有對有錯，所以，互相對勘，把錯的改正，缺少的補上，再增加六祖與弟子的機緣，希望使學道的人都能夠學到曹溪的宗旨。可見，宗寶對《壇經》是作了較大修改的。

這四個版本的《壇經》中，敦煌本是目前為止發現最早、字數最少的，但錯字語句較多，較難讀懂。宗寶本較晚，比較規範，字數最多，語句通暢，內容豐富，通俗易懂，所以流通最廣。但是有一點必須要明確，並不是最早版本的《壇經》就是最真實的，最晚版本的《壇經》就是不真實的，其實四個版本的主要思想和內容是一致的。

除中文四大版本外，不少國家把《壇經》譯成本國文字，到目前為止，大概有十二個英文版本，另外還有日、韓、法、西班牙文等版本。

南宗禪理 ABC

我們說六祖慧能的佛禪理論集中反映在《壇經》裏，那麼六祖慧能的思想到底是怎麼樣的，或者說主要反映在哪幾個方面呢？我們可以簡單地說一說。

第一，即心即佛，人人有佛性，人人都可成佛。

人們平時常說"酒肉穿腸過，佛祖心中留"，但其中的道理很多人不一定了解。其實，這"佛祖心中留"、心中有佛是六祖慧能的一個重要思想，用他的話可以這樣表述：即心即佛，佛在心中，人人有佛心，人人有佛性，人人都可以成佛。

這一思想當然不是六祖慧能首創，從佛祖釋迦牟尼開始，佛教尤其是禪宗就有這些理念。但是，我們不能漠視這樣一個事實：所謂"佛"其實就是覺悟了的人，佛祖釋迦牟尼本來就是一個實實在在的人，只是在漫長的歷史變化發展中，人們不斷地把他神秘化，於是慢慢地由人變成了神，"佛"被披上了一層厚厚的神秘面紗，成了高不可攀的偶像，原有的人的身份失卻了。在"佛"由人變成了神之後，廣大的善男信女、平民百姓只知道對佛頂禮膜拜，卻從來不知道佛也是人，更不曾想過自己也可以成佛。這一點恐怕連釋迦牟尼也不曾預想到的，也是不願見到的。

六祖慧能還原了原始佛教的理念，掀開了佛的神秘面紗，打破了對佛的偶像崇拜，把佛從高高在上的神拉回到現實之中，還他以人的身份，重新提出和強調即心即佛，心與佛是一樣的，沒有甚麼區別，心在你身上，佛在你心中。他在《壇經》中説："聽吾説法，汝等諸人，自心是佛，更莫狐疑，外無一物而能建立，皆是本心生萬種法……我心自有佛。問若無佛心，何處求真佛？菩提只向心覓，何勞向外求玄？""故知一切萬法盡在自性心中。何不從於自心，頓見真如本性。"按照這樣的邏輯理路，我們就會明白這樣的道理：既然心就是佛，那麼，人人都有心，就人人都有佛性。成佛並不是釋迦牟尼的專利，人人都可以成佛，無論是好人還是壞人，只要有心他也可以成佛。當然，六祖慧能所説的心是清淨無染的心，強調心誠、心正、心淨，若心受到了污染，那就成不了佛了。如果從哲學上來説，這是對佛的看法，可以説是佛性觀，正是因為強調心佛等一不二，心在成佛中的作用和地位，有些學者把禪宗稱為"佛心宗"。

第二，"頓悟成佛"，或者説"見性成佛"。

既然有心就可以成佛，那麼每個人都有心，大眾為甚麼成不了佛？怎樣才可以成佛？人人皆有佛性，每個人的佛性沒有區別，但為甚麼有的人聰明而有些愚蠢呢？這就引出了六祖慧能的第二個思想——"頓悟成佛"，或者説"見性成佛"。

即心即佛，有心就可成佛，這是一個前提，但光有"心"這個前提還是不行的，你的心必須要"悟"，才可成佛，所以，能否成佛的關鍵在於能否"悟"。《壇經》説："自性若悟，眾生是佛；自性若迷，佛是眾生。""不悟即佛是眾生，一念悟時，眾生是佛。"同樣，為甚麼有些人聰明有些人愚蠢，關鍵在於是否"悟"，六祖説："當知愚人智人，佛性本無差別，只緣迷悟不同，所以有愚有智。"

六祖慧能強調的悟，不是一般意義的悟，而是要"頓悟"。所謂頓悟，就是剎那間對自己的心性、本性、佛法徹底明瞭和認識，如果能做到這樣，你就立馬成佛了，而不需要通過漫長的漸進修行和認識過程，實際上就是減少了成佛的繁雜程序，指明了一條簡單便捷的成佛道路，正所謂"放下屠刀，立地成佛"。所以，六祖慧能的"頓悟成佛"、"見性成佛"不但受到一些文人墨客、達官貴人的歡迎和認可，而且適合廣大信眾，深受人們的歡迎。

關於慧能的"頓悟"說，有人認為是繼承了道生的思想，不是慧能獨創，因為道生早在東晉時就提出了"頓悟"說。但也有人認為，道生的"頓悟"與慧能的"頓悟"在內容上是有所不同的，道生的屬於小頓悟，慧能的是大頓悟，這一點我們必須要明白。

此外，五祖弘忍門下分出慧能的南宗和神秀的北宗，南宗強調頓悟，北宗主張漸修，所以有"南能北秀"、"南頓北漸"之分。於是，有人把"頓"、"漸"對立起來。其實，兩者之間是有聯繫的，頓中有漸、漸中有頓、先漸後頓、先頓後漸、漸修頓悟、頓悟漸修、頓修漸悟、漸修漸悟等等都沒有把兩者完全割裂、對立起來。在《壇經》中慧能就強調了頓、漸的聯繫，指出有些人把頓、漸對立起來，其實是不了解兩者的真正含義。針對人們對頓漸含義的誤解，慧能作了特別的說明："法即一種，見有遲疾，見遲即漸，見疾即頓。法無頓漸，人有利鈍，故名頓漸。""法無頓漸，人有利鈍，迷即漸契，悟人頓修。""教即無頓漸，迷悟有遲疾。"

這裏很清楚，在慧能看來，佛法本身並沒有頓與漸的分別和差異，所謂頓與漸是就人的見解和智慧而言，即智商高、慧根好的人對佛法的契悟必定快，對佛法的契悟快就是頓，反之就是漸。既然頓漸是就人慧根的利鈍、智愚而言，那麼就要依人的慧根差異來採用頓或漸了，從這一意義上說，頓與漸又成了教人的方法或途徑，對慧根利者用頓的方法，慧根鈍者用漸的方法。

總之，"頓悟"是慧能南宗禪理論的核心和靈魂，是一面旗幟，所以，人們又把慧能的南宗稱為"頓教"。如敦煌本《壇經》的名稱就直言是《南宗頓教最上大乘摩訶般若波羅蜜經六祖慧能於韶州大梵寺施法壇經》。

第三，"自性自度"。

能否成佛，關鍵在於能否"悟"。但怎樣悟，是靠自己去悟還由他人幫你悟？這就引出六祖慧能大師的第三個思想——"自性自度"。

心是在具體個人的身上，心性、佛性就在你自己的心中，你自己的心是怎樣的，只有你自己知道，正所謂"如人飲水，冷暖自知"。所以，要體悟、明瞭本來屬於你自己的心性或本性，就得靠你自己，其他人的力量是外在的，而且外在的力量也要經過你自己的吸納和消化。正因為如此，六祖慧能反覆強調"自性自度"，發揮主觀能動作用，外因通過內因起作用，他在《壇經》中反覆說："自性自度，是名真度"，"自心歸依自性，是歸依真佛"，"自悟自修自性功德，是真歸依"，"自見本性清淨，自修，自行，自成佛道"。說到底，就是要自我解脫，自己解放自己。

第四，人間佛教、生活禪。

六祖慧能已經把"佛"從神聖威嚴的神拉回到了現實生活之中，佛也是人，而人是不可能脫離現實而存在的，佛也是一樣，離開現實的土壤也就不存在了。《壇經》中有個著名的偈語："佛法在世間，不離世間覺。離世覓菩提，恰如求兔角。"佛在人世間，在生活之中，所以，離開人世間去尋找真佛是不能實現的，一定要在當下生活中才能找到真佛。

禪也離不開現實生活，因為禪是無處不在、無時不在、無事不在的，我們平時走路、挑水、砍柴、吃飯、學習等行為都是修禪，所以修禪不一定要到寺廟裏，在家裏也可以修禪；也不要被那些所謂修禪的形式和程式等條條框框所縛住，而是要灑脫自如，任運自在，即在生活中修禪，在修禪中生活。當有人問在家怎樣修禪時，六祖慧能沒有正面回答，而是用一首《無相頌》來做解釋。這首頌是這樣的：

> 心平何勞持戒？行直何用修禪？
> 恩則孝養父母，義則上下相憐。
> 讓則尊卑和睦，忍則眾惡無喧。
> 若能鑽木取火，淤泥定出紅蓮。
> 苦口的是良藥，逆耳必是忠言。
> 改過必生智慧，護短心內非賢。
> 日用常行饒益，成道非由施錢。
> 菩提只向心覓，何勞向外求玄。
> 聽說依此修行，天堂只在目前。

慧能說，如果按照這首頌去做，就在家修禪也可以，但如果不依這首頌去做，即使整天在寺廟中打坐修禪也沒有甚麼益處。其實，這首頌是教人、育人和做人的至理名言。

所以，人間佛教、生活禪不僅是六祖慧能的一個重要思想，也是慧能南禪的活力和長盛不衰的原因所在。

慧能即心即佛、頓悟成佛、自性自度、人間佛教等思想是互相聯繫、不可分割的一個整體，因此，我們理解慧能的思想時，就不要把它們割裂開來，片面地就某一方面去體悟，而是要全面系統地解讀，這樣才能領悟其真諦。

除了以上所述之外，慧能還有其他很豐富的思想，在《壇經》中會見到諸如 "無念為宗"、"無相為體"、"無住為本"、"無相懺悔" 和戒、定、慧等的宣說，讀者可參看各版本的《壇經》，在此不贅了。

禪宗法統

六祖慧能圓寂後的一個較長時期，他的南宗禪法的影響比不上神秀的北宗禪。當時，神秀圓寂後，他的弟子普寂、義福等人在北方大地高舉北宗禪的大旗，弘揚北宗漸教禪法，並得到朝廷的大力支持，所以北宗禪如日中天。在這種形勢下，慧能的南宗禪要擴大影響，確立它的正統地位，就必須要有南宗弟子北上弘法，與北宗的弟子抗衡，展開論戰並取勝。這個重任就落在六祖慧能的弟子之一神會的肩上。

唐開元八年，即公元 720 年，神會孤身一人北上中原大地，駐錫南陽龍興寺，大力弘揚六祖慧能的南宗頓教禪法，宣稱慧能才是衣缽的傳人，是唯一的第六代祖師，才是正宗；其他的都是旁出。神會的言行引起了人們的關注，當地的不少官員和信眾紛紛前來向神會問法，稱神會為"南陽和尚"，難怪連大文豪王維也向神會問法，驚歎南陽"有好大德，有佛法"。

面對神會的挑戰，北宗的弟子們當然不會善罷甘休，他們群起圍攻神會。他們按照自己的意願來排列歷代祖師的位置，把神秀列為六祖，把神秀的大弟子普寂列為七祖，而對慧能則隻字不提。

勢單力薄的神會一不做，二不休，以大無畏的勇氣和過人的膽識，於公元 732 年，即開元二十年正月十五日，在北宗勢力的腹地滑台（今河南滑縣）大雲寺召開"無遮大會"，與北宗門人進行正面的交鋒。這個時候，六祖慧能已圓寂二十年，神秀也已去世多年。"無遮大會"是中國禪宗史上驚天動地的一件大事。

所謂"無遮"，就是指寬容一切，解脫諸惡，不管是僧尼還是俗家大眾都可以參加，所以，"無遮大會"召開這一天，人山人海，熱鬧非凡，人們都爭相前來目睹中國禪宗南北兩派論戰的盛況，親身聽一下南北兩派的佛法禪理，更想知道南北兩派到底哪一派才是中國禪宗的正統。

神會宣稱，他召開無遮大會和設立莊嚴道場，不是為了自己的功德，而是要為天下學道的人訂立宗旨，為天下學道的人分辨是非。

無遮大會召開這一天，北宗派出了山東崇遠法師為戰將。崇遠法師早就"兩京名播，海外知聞"，是遠近聞名的著名法師，他能言善辯，出口成章，當時人們都稱他為"山東遠"。除了崇遠法師，北宗還請來被北宗自封為七祖的神秀大弟子普寂壓陣，組成強大的陣勢。南北兩派對壘，公演了中國禪宗史上一幕史詩般的大劇。

崇遠法師上台與神會對立而站，只見他揚眉怒目，聲音高亢，希望在氣勢上首先壓倒神會。他們論戰的第一個回合是關於"道"的問題。經過激辯，崇遠法師理屈辭窮，面對大眾一臉茫然。在場的北宗弟子乾光法師見狀趕緊出來救場，他命人叫停，變換其他的話題，並請神會和崇遠兩人分別坐下。當時，神會正氣凜然，論意正濃，不肯坐，堅持要站着辯論。於是，在場的福光寺法師、菏澤寺法師以及各方法師幾十人齊聲請神會坐下來，他們説："請禪師坐下，今日正是禪師辨邪正、定是非的日子，在這裏的四十多個高僧大德，願為禪師作證人。"神會這才坐下來。

第二個回合是關於"見佛性"的問題，經過辯論，崇遠法師又被神會問得啞口無言。

第三個回合是論戰的重頭戲，主要的內容是：慧能與神秀誰才是第六代祖師。這一回辯論採取一問一答的形式。

崇遠法師首先發問："禪師口口聲聲説達摩宗旨，禪門裏到底有沒有代代相傳的付囑？"

神會回答說：“從上以來，確有代代相傳的付囑。”

崇遠問：“代代相傳付囑以來，到現在是第幾代呢？”

神會答：“到現在已是第六代了。”

崇遠法師又問：“請說說第六代祖師是誰，並講一下代代相傳相授的理由是甚麼？”

神會回答說：“後魏河南嵩山少林寺有婆羅門僧人，名叫菩提達摩，是中國禪門的始祖。達摩在嵩山少林寺把袈裟傳付給慧可禪師，北齊的慧可禪師在皖公山把袈裟傳付給僧璨禪師，隋朝的僧璨禪師在司空山把袈裟傳付給道信禪師，唐朝的道信禪師在雙峰山把袈裟傳付給弘忍禪師，唐朝弘忍禪師在東山把袈裟傳付給慧能禪師，到如今是第六代。代代相傳中，都是內傳法契，以印證心，外傳袈裟，以定宗旨。從上以來，每一代相傳都是以達摩袈裟為信物，這件袈裟如今在韶州，再沒有傳給其他人。除了袈裟這一信物，其他所謂相傳的都是謬說。此外，從上以來，袈裟傳了六代，每一代只傳付一人，絕對無傳付給兩個人的，即使是有千萬的門徒，也只許一人有資格承接這一信物。”

崇遠問：“為甚麼一代只許一個人有資格承接這一信物呢？”

神會答：“這好比一個國家，只有一個皇帝，如說有兩個皇帝那是錯的；一個天下，只有一個轉輪王，如說有兩轉輪王那是錯的；一個世界，只有一個佛出世，如說有兩個佛出世那是錯的。”

崇遠問：“其他人都不可以說禪教化眾生嗎？”

神會答：“不是，不說禪教化眾生可以讓眾生生出慈念善心那是不可思議的。釋迦如來在世的時候，眾多菩薩和聲聞等，都說法教化眾生，但沒有一人敢稱自己是佛。”

崇遠問：“你說從上以來代代相傳至慧能禪師，一代只有一人承傳宗旨，開宗立門教導眾人，那為甚麼今日天下各地有數百人各立門戶，胡亂教人，他們是承傳誰的宗旨呢？"

神會答："從神秀禪師門下，有二十幾人説禪教人，他們並沒有得到傳授和付囑，從二十幾人門下又有數百人説禪教人，這些人不分大小，沒有秉承，爭名奪利，亂於正法，誤導學道的人。這實際是毀滅佛法。"

神會繼續説："慧能禪師是代代相傳並有付囑的人，他門下的弟子和道俗數萬人，也沒有一人敢濫開禪門，即使有一人得到傳授和付囑，至今也無開門説教。"

崇遠又問："世人都把神秀禪師看作是得道成正果的人，為甚麼不許稱神秀禪師為第六代祖師呢？"

神會回答説："這是因為五祖弘忍禪師沒有傳授和付囑給神秀禪師，雖然神秀禪師後來得道成正果，但也不容許稱為第六代祖師，原因是五祖弘忍禪師沒留下付囑授給他，所以不容許稱為六祖。"

崇遠問："神秀的弟子普寂自稱為七祖，那又怎樣解釋呢？"

神會答："神秀禪師並不是代代相傳的傳人，尚不許稱為六祖，普寂是神秀的弟子，有甚麼資格稱為七祖？現在中嶽普寂禪師和東嶽降魔藏禪師這兩位大德，口口聲聲稱神秀禪師是六祖，卻拿不出神秀禪師為六祖的信物證據。而我韶州曹溪禪門，從上以來，代代相傳，都有達摩袈裟作為信物。如今普寂禪師在嵩山立碑銘、建七祖堂、撰《法寶記》、排列七代祖師，有甚麼依據呢？他的所謂付囑佛法、傳授代數，與神秀禪師的門下無直接的關係，為甚麼？因為沒代代傳授和付囑的信物，所以不許稱為七祖。"

崇遠問："神秀禪師是兩京法主，三帝國師，為甚麼不能稱為六祖呢？"

神會答："從達摩禪師到慧能禪師，這六代祖師沒有一人當過皇帝的老師。"

崇遠問："佛法並不在袈裟上，難道傳一件袈裟就是傳授了佛法嗎？"

神會答："雖然佛法不在袈裟上，但袈裟作為代代相傳的信物，讓弘法的人有秉承，學道的人知道宗旨，這是絕對沒有錯的。過去釋迦如來把袈裟傳給迦葉，至彌勒降世，迦葉又把袈裟傳給彌勒，作為釋迦如來傳付的信物。我六代祖師代代相傳也是一樣。"

崇遠見這個問題難不倒神會，於是他又提出了慧能與神秀兩人禪法的異同問題。他問："慧能禪師和神秀禪師他們是同學嗎？"

神會答："他們兩人是同學。"

崇遠問："既然是同學，那他們教授眾人的方法和內容是一樣的嗎？"

神會答："不一樣。"

崇遠問："既然是同學，為甚麼教人的方法和內容不一樣呢？"

神會答："之所以說他們不一樣，是因為神秀禪師教人'凝心入定，住心看淨，起心外照，攝心內證'。所以不一樣。"

崇遠問："為甚麼慧能禪師不是教人'凝心入定，住心看淨，起心外照，攝心內證'。那甚麼才是慧能禪師的方法？"

神會答："神秀教人的只是一種調理心態的方法。"

崇遠問："如果是這樣，那就不要凝心入定，不要住心看淨，不要起心外照，不要攝心內證了？"

神會答："那是愚弄人的方法。要擺脫調理心情與不調理心情的方法，就是慧能禪師的方法。所以佛經說：'心不住內，亦不住外，是為宴坐。如此坐者，佛即印可'。從上六代以來，都沒有一人'凝心入定，住心看淨，起心外照，攝心內證'。所以慧能禪師與神秀禪師的禪法不一樣。"

崇遠問："慧能禪師之後，有沒有傳授的人？"

神會答："有。"

崇遠問："傳授者是誰？"

神會答："以後自然會知道。"

崇遠問："神秀禪師的教授方法與內容，難道說不是佛法嗎？為甚麼不容許？"

神會答："那是因為頓漸不同，所以不容許。我六祖大師，一切都講'單刀直入，直了見性'，不講階漸。學道的人必須要頓見佛性，漸修因緣，不離死生而得解脫。就好像一位母親，頓生兒子，慢慢餵養，兒子的智慧自然會增長。頓悟見佛性的人也是一樣，他的智慧也自然漸漸地增長。"

崇遠法師突然又把話題轉到普寂身上。他問神會："嵩嶽普寂禪師、東嶽降魔藏禪師這兩位大德教人坐禪，把'凝心入定，住心看淨，起心外照，攝心內證'作為教門。你如今為甚麼說不教人坐禪，不教人'凝心入定，住心看淨，起心外照，攝心內證'？那甚麼叫做坐禪呢？"

神會答："如果教人坐禪，要人'凝心入定，住心看淨，起心外照，攝心內證'，這會阻礙人們的菩提智慧。甚麼叫坐禪，念不起為坐，見本性為禪。所以不教人坐身住心入定。如果說你們的教門是對的，那維摩詰就不應罵舍利弗宴坐了。"

崇遠又問："為甚麼不容許普寂禪師稱為南宗？"

神會答："因為慧能禪師和神秀禪師還在世的時候，天下學道的人分別稱他們為'南能'、'北秀'，這已是人們共知的，正因為這樣，才有了南北兩宗。普寂禪師只是在玉泉寺跟隨神秀學法，未曾到過韶州曹溪，所以不許稱為南宗。而且雖然普寂禪師口稱南宗，其實他是想毀滅南宗。"

崇遠問："你怎麼知道普寂想毀滅南宗呢？"

神會答："說起來心痛。對普寂禪師的所作所為，僅是聽聞不足為信，卻是親眼看到的。開元二年，他派荊州刺客張行昌來行刺慧能禪師，好在慧能禪師已有預知而免遭遇害。後又指使門徒武平一等人把韶州大德為六祖所立碑銘磨掉，另寫文字，蓋在慧能禪師碑銘上，立神秀禪師為六祖。還有普寂禪師在嵩山豎碑銘、建七祖堂、撰《法寶記》、排列七代祖師，並沒有把慧能禪師列在其中。本來慧能禪師是得到傳授付囑的人，為人天師，全國都知道，卻沒有排列進去。而法如禪師又不是得到傳授付囑的人，不為人天師，天下不知名，只因他是神秀禪師的同學，就把他列為六祖，這有甚麼依據？普寂禪師為神秀禪師豎碑銘，立神秀禪師為六祖，而撰《法寶記》，又立法如禪師為六祖，到底誰才是六祖呢？請普寂禪師自己考慮清楚，說說自己的見解。"

崇遠問："普寂禪師開壇說法已有十幾年，為甚麼以前不與他論辯，判定他的宗旨？"

神會答："天下許多學道的人曾前往提出疑問，到底他的真正宗旨是甚麼。但都被普寂禪師仗着勢力喝罵，指使門徒把他人推出門外，所以即使有疑問也不敢提出來，難以了解是非對錯。佛祖釋迦如來在世時，各方菩薩、聲聞甚至外道來問，如來都很友好地為他們一一解答。我韶州六祖大師在世時，不管是誰來諮詢，都和善地一一回答。不知普寂禪師根據哪種經論，不許別人提問。長安三年，神秀和尚在京城登雲花戒壇，當時有綱律師、大儀律師，面對大眾，問神秀和尚：'承聞達摩有一領袈裟相傳付囑，如今這領袈裟在大禪師你那裏嗎？'神秀和尚回答說：'黃梅弘忍大師傳法袈裟，今在韶州慧能禪師那裏。'神秀和尚在世時明確指出第六代傳法袈裟在韶州，並沒有把自己稱為第六代祖師。普寂禪師卻自己稱為第七代，又錯把神秀和尚立為第六代祖師，這是不容許的。"

神會意猶未盡，他又面對崇遠法師以及台下大眾說："當年武則天皇帝召神秀禪師入京供養，臨行時，許多人問神秀禪師：'你入宮以後，我們將跟誰學法修道。'神秀禪師則說：'韶州有大善知識慧能禪師，是東山弘忍大師的傳授付囑之人，所有佛法都在他那裏，你們如有不明白的問題，可以到韶州去問他，一定能夠學到佛法宗旨。'後來，普寂的同學廣濟禪師來到韶州，潛入慧能大師房內想偷袈裟，被發現而未得逞，被慧能大師弟子逮住。慧能大師不但不怪罪他，反而設法保護他。並對眾人說，這領袈裟在弘忍大師時被偷過三次，據弘忍大師說，在道信大師時也被偷過一次，但都偷取不成。為了這件袈裟，南北道俗紛爭不斷，甚至刀劍相向。"

接着，神會還對崇遠法師提出的種種問題一一作了詳細的解答，並利用這一機會，向大眾宣揚六祖慧能大師南宗頓教禪法以及他自己的思想。

經過幾個回合的論戰，神會都佔了絕對的上風，但他並不就此罷休，為了徹底戰勝北宗，確立南宗的正統地位，神會抓住崇遠法師理屈的機會，反過來向崇遠法師發難。他明明知道崇遠法師以講《大般涅槃經》聞名，他就專挑《大般涅槃經》向崇遠發問："法師講解過《大般涅槃經》嗎？"

崇遠法師因為經常講《大般涅槃經》，自以為對這一佛經熟悉和了解，預料關於《大般涅槃經》的問題難不倒他，因而很得意地回答說："講解《大般涅槃經》已經幾十次了。"

神會問："所有大小乘經論、一切眾生未能得到解脫的原因在於有生滅兩心，所以《大般涅槃經》說：'諸行無常，是生滅法。生滅滅已，寂滅為樂。'那麼，這生對於滅來說，可滅不可滅？是生滅了滅呢，還是滅滅了生？是生自己來滅生呢，還是滅自己來滅滅？請法師一一回答。"

崇遠法師萬萬沒有想到神會提出這樣的問題，考慮半日也理不出頭緒，只好支支吾吾地說："以前也見過一些經論說過這些話，至於它的含義，實在不明白，禪師如知道，請你為大眾解說一下。"

神會說："我已經說了很多了，恐怕還沒有人真正領會。"

崇遠說："在場一萬多人，難道沒有一個人能夠理解嗎？"

神會問："你是否發現有誰理解明白了？"

崇遠説："沒有發現。"

神會説："果然沒有發現。"

這場辯論到這時，崇遠法師理屈辭窮，無言以對，面對台下萬餘觀眾，一臉茫然，而在場的北宗弟子也沒有一人再出來回應，在場所有道俗已知誰勝誰負，於是陸續離場散去。

神會以其過人的膽識和智慧，在北宗勢力的腹地導演的這場中國禪宗發展史的南北論戰大戲，終於以神會的全勝而降下帷幕。

神會取得了這場"無遮大會"論戰的徹底勝利，從而名聲大振。天寶四年（745），兵部侍郎宋鼎請神會入東京洛陽，駐錫菏澤寺，開堂説法，創立了慧能南宗門下的菏澤宗。

但六祖慧能南宗頓教的正統地位並未因神會的勝利而真正確立，因為戰敗了的北宗弟子們還不甘心，反而更加痛恨神會，因而想方設法置神會於死地。於是，南北兩宗的爭鬥愈演愈烈。天寶十二年（753），北宗弟子誣告神會聚眾密謀鬧事，唐玄宗召神會入京問話，雖然神會據理力爭而得以免死，但被趕出洛陽，開始逃亡流浪。先是被貶遠徙弋陽郡，不久又被迫轉到武當郡，到第二年又轉移到襄州，最後到了荊州開元寺。在被貶的短短時間內，換了四個地方，而且有三次差點喪命。當時人們認為，神會這種遭遇是北宗弟子報復的結果。

然而，時來運轉，在神會被貶的第三年爆發了"安史之亂"，副元帥郭子儀率兵征討安祿山，因缺乏軍餉，便通令全國各郡府設置戒壇度僧收取一定的税錢，並請當時還在荊州的神會出山，就這樣，已近90歲高齡的神會又回到了洛陽主持設壇度僧，為朝廷籌集了大批軍餉，立了大功。在平定"安史之亂"後，唐肅宗詔神會入內供養，在洛陽菏澤寺擴建禪院供神會居住。不久，神會在菏澤寺圓寂，朝廷給予了極高的禮遇，敕賜堂額和塔號,特別是唐貞元十二年(796),德宗皇帝命太子邀請各地禪師協商,確定禪門宗旨和傳法正旁系統,最後敕立神會為第七祖,並御製七代祖師贊文頒行天下。

　　既然神會被皇帝賜封為七祖,無疑他的師父慧能就是名正言順的六祖,南宗的正統地位也終於確立了。自此,南北兩宗的爭鬥才正式結束,北宗漸門慢慢衰落湮滅,而神會的菏澤宗也傳不了多久便湮滅了。但神會為南宗頓教正統地位的確立,實在是作出了巨大的貢獻,如果沒有神會的努力,中國的禪宗史說不定要改寫。

五家七宗

　　六祖慧能在唐代創立的南宗頓教禪法，經過一千多年的發展變化，今天仍生機勃勃，香火鼎盛。原因是甚麼呢？這首先當然是六祖慧能南宗禪本身具有大的活力；其次是神會通過抗爭，確立了南宗禪的正統地位，使它名正言順；還有就是法海等人記錄、整理《壇經》，使南宗禪法的宗旨得以代代相傳而不失。此外，還有其他的弟子為繁榮和傳續南宗所作的努力，因為六祖慧能臨終前囑咐他們以後"各為一方師"，弘揚南宗頓教禪法。在這方面，行思和懷讓兩位弟子做得非常出色，為南宗頓教禪法的延續和發展作出了很大的貢獻。在行思一系，後來發展出曹洞宗、雲門宗和法眼宗；在懷讓一系，後來發展出臨濟宗和溈仰宗。五個宗派合稱為六祖南宗法脈的"一花開五葉"。下面就介紹一下這五個宗派。

　　在六祖慧能還在世時，就很器重行思，所以行思的地位居門徒之首。六祖慧能曾經對行思說："你應當在一方弘化大眾，使南宗禪法永遠延續下去。"所以，在六祖慧能圓寂後，行思就遵照師父的囑咐，離開了曹溪，到了江西吉州青原山，在靜居寺傳授六祖慧能的禪法，影響很大，很多人都投奔他，向他學習佛法，人們把他稱為"青原行思"。

　　在行思的門下，有一位叫希遷的弟子。說起這位希遷，也可以說是六祖慧能的法嗣弟子。原來，希遷是高要（今肇慶市）人，高要與新州相鄰，所以，希遷也可算是六祖慧能的大同鄉了。據傳，當年六祖慧能回新州故里時，希遷就曾到新州禮拜六祖，六祖慧能見希遷慧根很好，很有佛緣，將來必成大器，很喜歡希遷，就叫他出家，並撫摸着希遷的頭說：
"你這個小沙彌，我的禪法以後將由你去弘揚傳授了。"六祖慧能圓寂
前，希遷問六祖大師："師父百年之後，希遷不知道將來跟隨何人呢？"
六祖大師要他"尋思去"。由於當時希遷年紀還小，未能理解六祖慧能的意
思，對"尋思去"摸不着頭腦，所以，六祖慧能圓寂後，希遷整天在僻靜
的地方打坐靜思，寂然不顧一切。

　　他的師兄見希遷整天靜坐幽思，就想法開導他。他們問希遷："師父
已逝世了，你為甚麼整天空坐在這裏？"希遷就說："我是秉承師父的遺
訓，所以整天在這裏尋思啊。"師兄提醒他說："你有一位師兄，名叫行
思和尚，今在吉州青原山，你的因緣是在行思那裏。師父叫你'尋思去'，
已說得很明白了，你為甚麼自己還迷誤不醒。"一語驚醒了希遷。於是，
他辭別了六祖的塔龕，直奔江西吉州青原山禮拜行思，跟隨行思學法。

　　希遷來到青原山拜見過行思，兩人一見面就有一段精彩的對話。

　　行思問："你從哪裏來？"希遷答："我從曹溪來。"行思問："你到
曹溪得到了甚麼東西來？"希遷答："不到曹溪，就不會失去東西。"行
思問："那你去曹溪作甚麼呢？"希遷答："如不到曹溪，那怎會知道不
失去東西呢！"

　　希遷問："曹溪大師還認識你嗎？"行思反問道："你如今認識我
嗎？"希遷答："認識，卻又不知道怎樣會認識。"行思說："從角雖然
很多，能夠得到一麟足矣。"

　　希遷又問："你離開曹溪後甚麼時候到這裏來？"行思答："我不知
道。你甚麼時候離開曹溪？"希遷答："我不從曹溪來。"行思說："我
知道你從那裏來。"

　　希遷說："你是有道之人，可不要胡亂猜測。"

　　改日行思又問希遷："你從甚麼地方來？"希遷答："我從曹溪來。"

於是，行思舉起一個拂子問希遷："曹溪還有這個東西嗎？"希遷答："不但曹溪無這東西，西天也沒有。"行思問："你到過西天嗎？"希遷答："如果到過西天，也就有這個東西了。"

經過這段機鋒對接，行思和尚已深知希遷果然根器深厚，是難得的佛門龍象。於是在唐天寶年間，行思修書一封，叫希遷帶着他的書信前往南嶽衡山拜見懷讓和尚，並說："你送達書信後就馬上回來，我有一把斧頭給你居住一處山林。"

希遷帶着行思的書信來到南嶽，禮拜過懷讓和尚，但希遷並沒有把行思的書信交給懷讓，而是問懷讓："不慕諸聖不重己靈的時候將會怎樣呢？"懷讓說："你的問題太高深了，為甚麼不問淺一些的呢？"希遷說："寧可永劫受沉淪，不從諸聖求解脫。"懷讓便不再說話，希遷就只好返回青原山靜居寺。

行思見希遷那麼快就回來，便問："你去南嶽沒多久就回來了，書信送達了嗎？"希遷說："口信沒有通報，書信也沒有送達。"行思問："為甚麼呢？"希遷就把與懷讓的對話說了一遍，突然又說："我在出發時，你不是許諾給我一把斧頭嗎？我回來取呀。"行思便向希遷踢了一腳，希遷頓時覺悟，便拜辭了行思，前往南嶽衡山南台寺。

南台寺的東面有一塊大石頭，形狀好似一個大平台，於是，希遷就在這塊大石頭上搭建了一座草庵，收徒納眾，在那裏弘揚六祖慧能的南宗禪法，而且還發展出有自己特色的禪法。所以，時人和後世就把他尊稱為石頭和尚，或者稱石頭希遷。

在這座草庵，石頭希遷不但收徒說法，還參閱、研究佛教經論。有一次，他閱讀《肇論》，當讀到"悟到了萬物就是自己的人，只有聖人嗎？"這一句時，石頭和尚拍案叫絕，自言自語地說："聖人無自己，萬物沒有甚麼不是自己的。法身沒有表象，誰說是來自其他地方？圓鏡明亮照於法身中間，形態玄妙的萬象會自己體現。境界和智慧不一致，誰能説去來？這話真是至理名言啊。"隨後，他慢慢地掩卷睡着了，還做了一個奇怪的夢，他夢見自己與六祖一起乘坐在一隻靈龜背上，在深池裏游來游去。一覺醒來後，他細細品味夢中的情景：靈龜者，智也，深池者，性海也。不覺心頭一熱，原來在夢中自己與慧能祖師一起同乘靈智游性海啊。於是，石頭和尚撰寫了著名的《參同契》一書，書中有這樣幾句話：

> 竺土大仙心，東西密相付。
>
> 人根有利鈍，道無南北祖。
>
> 靈源明皎潔，支派暗流注。
>
> 執事原是迷，契理亦非悟。

《參同契》是石頭希遷禪法的代表作，所以一直流傳下來，但是他的禪法到底是怎樣的呢？有一日，石頭和尚上堂説得很清楚："我的法門，先佛傳授，不論禪定和精進，唯達佛之知識見解。即心即佛，心、佛、眾生、菩提、煩惱等，只是名稱不同，其實是一樣的。各人應當認識自己的心性，這心性是沒有污垢，是潔淨的。凡人與聖人也沒有甚麼不同。……三界六道只有從心裏去體現。水中的月亮、鏡中的影像，是不生不滅的。"

石頭和尚與門徒的機鋒問答，更體現了他的禪法特色。

有一個名叫道悟的門人問石頭："誰人得到了曹溪的意旨？"石頭和尚答："會佛法的人得到。"道悟問："師父你得到了嗎？"石頭答："我沒有得到。"道悟問："為甚麼沒有得到呢？"石頭答："我不會佛法。"

又有一位僧人問："甚麼是解脱？"石頭反問："誰綁住你了？"僧人問："甚麼是淨土？"石頭反問："誰污染了你？"僧人問："甚麼是涅槃？"石頭反問："誰把生和死加在你身上？"僧人問："甚麼是祖師西來之意？"石頭答道："你問木柱去。"僧人説："我沒有領會。"石頭道：“我更沒有領會。”

著名的大顛禪師問石頭和尚：“古人云：‘説有説無都是誹謗。’請禪師你把這些清除掉。”石頭和尚回答説：“本來一物都沒有，清除甚麼呢？”石頭和尚反問大顛：“除去了咽喉和嘴唇，還有甚麼能説話的？”大顛説：“沒有了。”石頭和尚説：“如果是這樣，你就得入法門。”

道悟又問：“甚麼是佛法大意？”石頭説：“既不知道又沒有得到。”道悟問：“向上會有處所嗎？”石頭答：“長空並沒有阻礙天上的白雲飛來飛去。”道悟問：“甚麼是禪？”石頭答：“是磚塊。”道悟問：“甚麼是道？”石頭答：“是木頭。”

讀者們注意到了嗎？石頭和尚的禪法很強調“無”，這與六祖慧能的“本來無一物”同出一轍，而且更直截了當了。

石頭希遷秉承了六祖慧能的南宗頓教禪法，還發展出自身禪法的特色，所以，在當時和後世，他的名氣還大過他的師父青原行思和尚。更為重要的是，在他的徒子徒孫中，開創出六祖南宗禪的“一花五葉”中的三葉：曹洞宗、雲門宗、法眼宗。

從石頭希遷開始分出了兩個支系，其中一支先後傳給藥山惟儼、雲巖曇晟、洞山良價、曹山本寂。因為良價和本寂兩人先後在江西的洞山和曹山弘法，形成一家宗風，後世就把他們兩人的禪法合稱為“曹洞宗”。良價和本寂就成了這個宗派的祖師了，尤其是本寂和尚，曾到韶州曹溪禮六祖大師塔，為了追念六祖的宗風，他回到江西後，把吉水山改名為曹山。

曹洞宗的宗風，作一個簡要的概括就是：君臣五位、接引三路、三種滲漏。

君臣五位之“五位”是正中偏、偏中正、正中來、兼中至、兼中到。接引三路之“三路”是鳥道、玄路、展手。三種滲漏是見滲漏、情滲漏、語滲漏。

石頭希遷門下另一支系先後傳天皇道悟、龍潭崇信、德山宣鑑、雪峰義存。至雪峰義存又分出兩個支派，其中一支傳雲門文偃，形成雲門宗；另一支傳玄妙師備、羅漢桂琛、清涼文益，形成法眼宗。

雲門宗的祖師文偃和尚，因住在韶州雲門山（今韶關乳源縣）弘法，形成一家宗風，後人就把他的禪法稱為"雲門宗"。雲門宗禪法的主要特色體現在"雲門三句"，這三句就是：涵蓋乾坤、截斷眾流、隨波逐流。

法眼宗的祖師是清涼文益和尚，因為他圓寂後，南唐中主李景賜諡"大法眼禪師"封號，後世就把他的禪法稱為"法眼宗"。文益和尚倡導"一切現成"的理論，所以，法眼宗禪法的主要風格是：聞聲悟道，見色明心；句裏藏鋒，言中有響。

六祖慧能的另一位法嗣懷讓，曾在六祖左右十五年，對南宗頓教禪法領會至深。六祖圓寂後，懷讓離開了曹溪到了南嶽衡山，駐錫觀音台，弘傳南宗頓教法，開創了南嶽一系，時人和後世就尊稱他為"南嶽懷讓"。

在南嶽懷讓禪師的眾多門徒中，馬祖道一應是最傑出的一位了。

說起這位馬祖道一，好像與六祖慧能也早就結了緣。六祖慧能在世時，就曾對懷讓說："西天般若多羅禪師曾經預言，你門下會出一馬駒，踏殺天下人。這個預言你緊記在心裏，不要急着說出來。"後來懷讓門下果然出了馬祖道一禪師，應驗了般若多羅禪師的預言。

馬祖是漢州什邡（今四川什邡）人，傳說他相貌奇特，長一雙牛腳一對虎眼，腳下有雙輪，舌頭伸出來可以超過鼻子，幼年就已出家。唐代開元年間，馬祖道一在衡山經常獨自一人學習坐禪。懷讓禪師知道馬祖道一是佛門中的龍象法器，於是前去問馬祖道一："大德整天在坐禪，到底想圖甚麼呢？"馬祖道一說："坐禪想成佛。"為了開導馬祖道一，懷讓就拿着一塊磚在馬祖庵前的石頭上磨來磨去。馬祖見狀便問："磨磚塊作甚麼？"懷讓回答說："磨磚想作鏡。"馬祖又問："磚塊怎會磨成鏡呢？"

懷讓進一步引導說:"磚不能磨成鏡,那整天坐禪就能成佛嗎?"馬祖聽後若有所思,便問:"那怎樣做才對呢?"懷讓說:"如果一頭牛拉車,車子不動,是用鞭打牛還是用鞭打車呢?"馬祖無言以對。懷讓繼續說:"你學坐禪還是學坐佛?如學坐禪,禪並不是靠坐或臥能夠學得到的;如學坐佛,佛是沒有定相的。事物變化無常,不應該有所取捨。你如果坐佛,即等於殺佛,如果修持坐相,則很難契悟佛理。"馬祖道一聽了懷讓禪師的教誨,如夢初醒,便向懷讓禪師行禮。後來懷讓還贈了馬祖一首佛偈:

> 心地含諸種,遇澤悉皆萌。
> 三昧華無相,何壞復何成?

馬祖聽後頓時開悟,從此跟隨懷讓學習,佛法日益精深和玄奧。

馬祖道一侍懷讓禪師九年,"密受心印"後,於天寶年間離開南嶽,先後在福建、江西、浙江、安徽、湖南等地開山弘法,課徒誨眾,尤其在江西各地駐錫,道場多,時間長,人們就尊稱他為"江西馬祖"。馬祖道一弘揚六祖南宗頓教禪法,並且多有創新,深受信眾神往,很多信眾投奔他,形成了六祖南禪下有自己特色的一個宗派,人們稱為"洪州宗"。

馬祖道一的洪州禪有幾個很鮮明的特色。

第一是"即心即佛"。有一日,馬祖道一對眾人說:"你們都深信自己的心就是佛,這就是即心即佛。……心外無別佛,佛外無別心。"

大梅山法常禪師最初參禮馬祖道一時,他就問馬祖:"如何是佛?"馬祖道一回答說:"即心是佛。"

第二是"非心非佛"。大梅山法常禪師聽了馬祖道一"即心即佛"的偈語而開悟,後來就離開了馬祖,到大梅山居住。馬祖知道後,就派一個門徒去見法常。那門徒問法常:"和尚遇見馬祖師父時得到了甚麼,便來這山裏居住？”法常回答説：“馬祖師父對我説即心即佛，我便到這裏住。”那門徒又説：“馬師近日佛法又有所不同了。”法常問：“有甚麼不同？”門徒説：“師父近來又説非心非佛了。”法常説：“這老漢惑亂人，未有了日。任汝非心非佛，我只管即心即佛！”那門徒回來告訴馬祖，馬祖説：“梅子熟也。”

第三是“平常心是道”。馬祖道一説：“道不用修，但不要被污染。甚麼是污染呢？那些有生死心、有造作、有趨向，皆是污染。如果想得道，那平常心是道。何為平常心？無造作、無是非、無取捨、無斷常、無凡無聖，就是平常心。佛經云：‘非凡夫行，非聖賢行，是菩薩道。’只如今行住坐臥，應機接物，盡是菩薩道。”

從“即心即佛”到“非心非佛”，再到“平常心是道”既是馬祖道一禪法的特色，也是發展過程。

馬祖道一教人的方法和與僧人信眾的機鋒對接也反映出他的禪法機理和特點。我們不妨舉幾個例子。

馬祖有一位大弟子叫懷海，有一日跟隨馬祖外出，遇見一群野鴨飛過。馬祖便問：“這是甚麼？”懷海答：“是野鴨子。”馬祖問：“到甚麼地方去？”懷海答：“飛過去了。”馬祖於是扭了一下懷海的鼻子，懷海痛得叫出聲來。馬祖便説：“你又説飛過去了。”懷海對馬祖的話有所領悟，回到住處便悲傷地大哭，同事問他想父母了，他説不是，同事又問他是否被人罵了，他説不是，同事又問：“那你為甚麼哭啊。”他説：“我的鼻子被師父扭痛難受。”同事問：“是甚麼原因師父扭你鼻子？”他説：“你們去問師父吧。”於是，同事們就去問馬祖：“懷海不知為甚麼在房間裏大哭？”馬祖説：“他自己知道，你們去問他。”同事回來對懷海説：“師父説你自己知道，叫我們來問你。”此時懷海卻大笑起來。第二天，馬祖升堂，眾人剛坐下，懷海便出來捲起蓆子，馬祖便問：“我還未説話，你為甚麼就捲蓆？"懷海説："昨日被師父扭得鼻子痛。"馬祖説："你昨日注意到了甚麼？"懷海説："鼻子今日不痛了。"馬祖説："看來你對昨日的事很明白了。"懷海於是禮拜而退。後來懷海到了百丈山弘法，並訂《百丈清規》，影響很大。

馬祖另一位大弟子大珠慧海初來見馬祖時，馬祖問："從何處來？"慧海答："從越州來。"馬祖問："來這裏想做甚麼？"慧海答："來求佛法。"馬祖説："你自家寶藏都不顧，拋家散走做甚麼呢？"慧海問："哪個是慧海自家寶藏？"馬祖答："現在問我的人就是你自家寶藏。一切具足，更無欠少，使用自在，為甚麼向身外求覓？"慧海頓時大悟。

江西洪州有個官員來拜訪馬祖道一，問："吃肉飲酒對呢還是不吃肉飲酒對呢？"馬祖回答説："如果説吃肉飲酒是你的俸祿，那麼不吃肉飲酒就是你的福氣。"

馬祖道一繼承六祖南宗頓教禪法，並發展出有自己特色的洪州禪法，所以他的名氣和影響也超過他的師父南嶽懷讓禪師。據文獻記載，馬祖洪州宗禪系的法嗣有一百三十九人，並"各為一方宗主"，馬祖的徒子徒孫，把六祖南禪流布各地，發揚光大，開創出六祖南宗禪的"一花五葉"中的二葉：臨濟宗、溈仰宗。

從馬祖道一開始分出三個支系，其中一支傳給百丈懷海，懷海傳給黃檗希運，希運傳給臨濟義玄。因為義玄在河北鎮州（今河北正定）的臨濟禪院形成了一家宗風，後世就把它稱為臨濟宗。義玄禪師是這一宗派的祖師。臨濟宗的禪法特色是"臨濟三句"、"臨濟四喝"、"三玄三要"、"四賓主"、"四料簡"、"四照用"等。

臨濟三句是：第一句，三要印開朱點窄，未容擬議主賓分；第二句，妙解豈容無着問，漚和爭負截流機；第三句，但看棚頭弄傀儡，抽牽全借裏頭人。

　　臨濟四喝是：第一喝為發大機之喝；第二喝為大機大用之喝；第三喝為勘驗之喝；第四喝為高層次之喝。

　　馬祖道一門下另一支系傳給西堂智藏，智藏傳給溈山靈佑，靈佑傳給仰山慧寂，因靈佑禪師和慧寂禪師分別在潭州溈山（今湖南寧鄉）和袁州仰山（今江西宜春）弘法，形成一家宗風，後世就把他們的禪法稱為溈仰宗。

　　溈仰宗的禪法或者說基本禪理是“三種生”說，這三種生說是：“想生”、“相生”、“流注生”。

　　至此，六祖慧能南宗頓教禪法的“一花五葉”已全部開出，這五葉就是：曹洞宗、雲門宗、法眼宗、臨濟宗、溈仰宗。其中臨濟宗後來又發展出楊歧派和黃龍派，所以人們又統稱為“五家七宗”。

　　伴隨着漫長的歷史發展變遷，這“五家七宗”中，有些宗派也慢慢地失去活力而走向衰落，只有曹洞宗和臨濟宗至今仍枝繁葉茂，生機勃勃，流布世界各地。

流布域外

　　慧能南禪對域外的影響，首先是從山水相連的東鄰、南鄰開始而逐漸擴展的。

　　我們首先看看南禪在朝鮮的傳播。早在公元 4 世紀的時候，佛教就由中國傳入朝鮮，其中禪宗有很大的勢力。根據文獻的記載，在唐貞觀年間，有一位名叫法朗的朝鮮僧人來到中國，跟隨四祖道信學習禪法，學成後回國傳播四祖的禪法，後來，他的弟子神行也來中國，拜北宗神秀高徒普寂門人志空為師，學成後又回國傳播神秀的北宗禪。

　　那麼，六祖慧能的南宗禪在朝鮮的傳播又怎樣呢？據《壇經》記載，慧能圓寂後約 20 年，就有朝鮮僧人收買賊人想偷取六祖首級以便迎請回朝鮮供養，雖未遂，卻折射出朝鮮佛教界對六祖慧能之尊崇。

　　公元 784 年，道義來華，師從馬祖道一的弟子西堂智藏禪師，從而把馬祖道一的禪法傳入朝鮮，勢力和影響不斷擴大，最後形成了迦智山派。

　　慧昭作為慧能法系的玄孫，在朝鮮建立六祖慧能影堂，並對道憲創立的曦陽山派有所影響。

　　總之，朝鮮的禪宗發展出九山道場和門派，大都屬於六祖南禪法系，所以，至高麗時期，原來的九個宗派合併為"曹溪宗"，可見六祖慧能於朝鮮佛教影響之大。現今存世的德異刻本《六祖壇經》乃高麗（朝鮮）之刻本就不足為奇了。

　　禪宗傳入日本始於 8 世紀，至鎌倉時代（1192-1333）才真正發展起來，慧能南禪法系的臨濟宗、曹洞宗和黃檗宗在日本的相繼興盛，帶動了日本禪宗流派的勃發，達 20 多個，成為中國禪宗在域外影響最深、最廣的地方。

禪宗對日本的影響，不僅限於教界自身，而是整個日本文化和大和民族的日常生活。如日本的茶道、花道、武士道、服飾等無不閃爍着禪光。中國佛教文化研究所所長楊曾文教授說：「禪宗傳入日本是古代中日文化交流的第二次高潮，鐮倉時代建立了日本歷史上第一個由武士佔支配地位的社會政治制度。禪宗及以禪僧為主要媒介的宋學的傳入，為確立協調朝廷（公家）幕武（武士）和佛家（寺家）的倫理觀念，發展日本民族文化起了積極作用。」

越南的佛教有海路印度佛教和陸路漢傳佛教的雙重影響，但南禪的臨濟宗和曹洞宗卻佔主要地位，如明末清初的臨濟宗第二十九世、廣州長壽寺主持石濂大汕禪師說：「盧祖（即慧能）歸庾嶺，宗風日向南」，「大鑑（即慧能）當年庾嶺回，於今吾道又南開。」他於阮氏王朝時去越南傳教，信眾達 2000 餘人，得阮王禮敬，贈金帛無數。

禪宗在歐美的傳播，日本人和華僑起着中介的推動作用。1893 年，日本僧人釋宗演出席世界宗教大會，對禪宗進行了推介，從此引起了美國人對禪宗的關注；禪學碩德鈴木大拙對禪學研究的貢獻，直接推動了禪宗在美國的傳播。此外，美籍華人對禪文化的譯介也作出巨大的貢獻。但發展到後來，美國善信發現，經日本而來的禪宗已變了味，於是又紛紛前來南禪發祥地 —— 廣東，以求得原汁原味的南宗頓教禪法。

有一則故事說明六祖禪法對歐洲藝術的影響：據賴永海《佛道詩禪 —— 中國佛教文化論》說，有一個叫呂無咎的中國畫家在法國巴黎留學，因他對中國畫理有一定的造詣，其他人都尊重他。但有一位地位很高的印象派老畫家手拿一本《壇經》向呂無咎請教，呂無咎看了半天，看不出頭緒，只好承認未看過《壇經》。老畫家大吃一驚，對呂無咎說："你們中國有這麼好的繪畫理論都不學，反而到我們法國來究竟想學甚麼？"

隨着中國人不斷到世界各地生活，很多華僑，尤其是祖籍廣東的華僑，也把六祖的信仰傳播到世界各地，比如，在南非的豪登省，華僑捐建的寺廟就名叫南華寺。

六祖慧能禪法走向世界的另一個表徵是《壇經》在世界的傳播。自1930年黃茂林英譯《六祖壇經》，先後在多個國家和地區出版發行，開了英譯《壇經》之先河，到目前為止，已有 13 種英譯版本。除英譯本外，還有韓、日、法、德、西班牙等文譯本。台灣的林光明教授曾英譯《六祖壇經》，他在其譯本中說："依佛經翻譯成外語的次數多寡排名……第一名當然是《心經》……排名第二的應該是非《壇經》莫屬。"藍卡斯特教授也說："《壇經》是西方世界最熟知的佛教經典之一。"

附錄：

六祖慧能身世釋疑

　　對六祖慧能的研究，還有很多問題未解釋清楚，這裏提出幾個，供讀者們參考。

一、六祖的名字到底是"惠能"還是"慧能"？

　　從現有的文獻資料和研究成果看，"惠能"與"慧能"兩者都有人使用，而且這兩個名字也都能從文獻中找到出處和依據。但到底是"惠"還是"慧"更為適宜呢？如能判別清楚還是很有意義的。

　　首先，六祖的名字是怎樣得來的。各版本的《壇經》，王維、柳宗元、劉禹錫為六祖慧能所撰的碑銘，《高僧傳》、《祖堂集》、《歷代法寶記》、《景德傳燈錄》等都是研究六祖慧能的重要文獻資料，但都沒有講到六祖名字是怎樣得來的。只有法海在《六祖大師法寶壇經略序》和《六祖大師緣起外記》中記述六祖誕生之情景時說：

　　時，毫光騰空，異香滿室。

　　黎明，有二異僧造謁，謂師之父曰："夜來生兒，專為安名。可上慧下能也。"

　　父曰："何名慧能？"

　　僧曰："慧者，以法慧施眾生；能者，能作佛事。"言畢而去，不知所之。

這似乎成了六祖名字得來的唯一依據。由於法海是六祖慧能貼身侍候的法嗣，剔除其對六祖的神化之處，他的說法還是為後人所接受。問題在於法海所說的到底是"慧"還是"惠"就無法說得清了，因為現在誰也無法看到一千多年前法海《六祖大師法寶壇經略序》（以下簡稱《略序》）的原始版本。於是，後人所錄、刻、寫、注的《略序》就有不同的寫法。有的記為"惠能"，有的寫為"慧能"。比如《全唐文》卷九一五所收法海《略序》記為"惠能"，上海佛學書局出版的丁福保《六祖壇經箋注》所依據的《略序》卻由"惠能"變成了"慧能"，又記二僧解釋"慧能"兩字的含義為："慧者，以法慧施眾生；能者，能作佛事"（王承文《六祖惠能早年與唐初嶺南新州》，載《六祖慧能思想研究——"慧能與嶺南文化"國際學術研討會論文集》，第 451 頁，學術研究雜誌社，1997 年）。而廣東人民出版社 1963 年根據丁福保本排印的《六祖壇經箋注》所收的《略序》寫為"惠能"，但丁福寶在該書中的序、雜記和對德異《壇經序》、王維《六祖能禪師碑》、柳宗元《曹溪第六祖賜諡大鑑禪師碑》等箋注時又寫作"慧能"。中國社會出版社 2005 年出版李安綱《禪悟壇經》所收《略序》也記為"慧能"。廣東人民出版社 2005 年出版陳澤泓先生的《南派禪宗創始人——惠能》一書中在說及這一問題時有這樣一段話：

據台灣的印順法師考證，"依佛教慣例，惠能應該是出家的法名"。《六祖大師法寶壇經略序》（簡稱《略序》）說："大師初生，就有'二異僧'來為大師立名'慧能'，那是從小就叫慧能了。"那是說，六祖生下來以後一取名，就沒有再改變名稱。然而，《略序》原文恰恰不是說二僧為大師立名慧能，而是"大師名惠能"。

很明顯，印順法師所看到的和陳先生所看到的《略序》又是不同的版本，而陳先生所說的"原文"不可能是法海的原始版本。還有被認為最接近原始版本的敦煌本《壇經》也由法海輯錄編輯而成，而現今見到的敦煌本《壇經》中卻寫為"惠能"，且智慧也寫成"智惠"，這裏"惠"、"慧"似是相通的。即是說同是出於法海之手，也有"惠能"與"慧能"兩種寫法。這就說明，無法以文獻作為判別的依據。

既然這樣，有人從字義和佛理上作解釋。從字義上說，"慧"為智，"惠"為濟；從佛教教理上說，"以法惠施眾生"屬六度中的布施，"以法慧施眾生"屬六度中的般若（見杜繼文、魏道儒《中國禪宗通史》，江蘇古籍出版社 1993 年版，第 128 頁）。"惠""慧"均契合佛理，而"慧"似境界更高一些。顯然，從字義和佛理上的解釋也難以作為判別的依據。

那麼，怎樣區別"惠"、"慧"兩字，或者說用哪個字更為合適呢？筆者在查閱文獻時，發現《祖堂集》卷二"第三十二祖弘忍和尚"，講述五祖弘忍夜授衣缽給慧能時，明白無誤地說五祖為六祖改名：

至三更，行者（即六祖）來大師處。大師與他改名，號為慧能。當時便傳袈裟以為法信，如釋迦牟尼授彌勒矣。

像這樣的記載其他文獻似尚未見有。《祖堂集》被看做是研究禪宗史的重要稗籍資料，很有參考價值，如其所記屬實，則"慧能"是五祖弘忍為六祖所改的名字，既是"改名"，那改名前應該還有一個名字，那是甚麼名呢？同一資料中在講到陳慧明在大庾嶺上追問慧能"在黃梅和尚處意旨如何"時，慧能回答說：

和尚看我對秀上座偈，則知我入門意，則印惠能："秀在門外，汝得入內……"

可見在五祖為其改名前叫"惠能"。而且查閱所有關於六祖的文獻資料，除了"惠能"或"慧能"外，到目前為止，尚未見有其他名稱。

於是，筆者以為是否可以這樣說："惠能"是六祖成為祖師前的名字（是"二異僧"為他所起的名字），也可以說是俗名、乳名（這恰恰與一些人認為"惠能"是出家後的法名相反）；"慧能"是六祖成為祖師後的名字，也可以說是法號（是五祖為其所改的法號）。如果這樣推斷能成立，則兩者確實均可用。但六祖在中國文化思想史和佛禪發展史上的地位和影響，應是在他成為祖師後確立的，因此，筆者以為用"慧能"更宜，也如前所說境界更高一些。

二、慧能母子"移來南海"之"南海"是甚麼地方？

在各種版本的《壇經》中，六祖慧能在講述自己的身世時均有這幾句話：

> 此身不幸，父又早亡，老母孤遺，移來南海，艱辛貧乏，於市賣柴。

有人依據這段話而斷定年僅3歲的慧能在父親死後隨母離開夏盧村遷居到南海。現在的問題是：慧能母子為何要遷居？慧能所說的南海究竟是甚麼地方？對於第一個問題，查閱所有文獻均找不到答案。至於第二問題，也就是所說的"南海"到底是甚麼地方則意見紛呈，大致有如下幾種說法：(1) 南海即今廣東佛山鎮；(2) 南海，郡名，後改縣，即今廣東南海縣；(3) 南海，郡名，治所在廣州，故南海即今廣州；(4) 隋唐時期新州屬南海郡，在郡內就是南海人；(5) 隋唐時期懷集、四會屬南海郡，"移來南海"就是移來四會，故六祖接法南遁後隱於懷會一帶；(6) 新州與南海從來沒有隸屬關係，"移來南海"子虛烏有，乃史實差錯。

上述各種意見孰是孰非，在此不作評說。筆者以為六祖母子在當時的生活環境沒有必要也沒有可能離開新州而"移來南海"，理由為：(1) 法海的《六祖大師法寶壇經略序》和《六祖大師緣起外記》，王維、柳宗元、劉禹錫各為六祖撰寫的碑銘，贊寧的《慧能傳》，各版州縣誌等文獻均無六祖母子移居南海的記載。(2) 六祖於市賣柴、聞《金剛經》開悟的地方——金台寺就位於新州城內，即今新興縣城人民醫院附近，慧能離新州北上黃梅時與母親辭別的地方就在新州塱村，新州龍山有六祖的故居。這些學界似無分歧。而在有關廣州、佛山南海的文獻中卻找不到六祖慧能採樵賣柴和六祖母子居住生活的蛛絲馬跡。如六祖母子真的移居廣州或佛山南海，則無法解釋這個現象。（3）查行政區域的歷史沿革，新州在秦統一嶺南後隸屬象郡，漢時隸屬合浦郡，三國時隸屬蒼梧郡，隋時先後隸屬新寧郡和信寧郡，唐至宋先後隸屬嶺南道和廣南東路。（參見黃爾崇《評〈壇經〉中"移來南海"的史實差錯》，林有能主編《六祖惠能文化研討會論文集》，香港出版社 2004 年版）所以新興縣歷史上確無隸屬過南海郡。（4）在當時的條件下，六祖母子離開業已熟悉的生活圈而遷移到 150 公里以外的人生地不熟、無親無朋、無依無靠的陌生環境去謀生是匪夷所思和難以理解的。所以印順法師在《中國禪宗史》中對"移來南海"提出了疑問：

惠能三歲時父親就去世了，流落他鄉的母子二人，孤苦無依，生活艱困是可以想像到的。不知為了甚麼，惠能又跟着老母移到南海 —— 廣州去住？長大了以賣柴來維持母子的生活。

那麼，怎樣解釋"移來南海"的"南海"呢？筆者以為，這裏所說的"南海"可能是泛指，即指整個廣東，至少是廣州府和肇慶府屬地區，而不僅限於南海郡。宋贊寧《慧能傳》云："釋慧能，姓盧氏，南海新興人也。"柳宗元在《曹溪第六祖賜大鑑禪師碑》述六祖接五祖衣鉢後"遁隱南海上，人無聞知"。《景德傳燈錄》卷五記慧能父親盧行瑫"左宦於南海之新州，遂佔籍焉"。均把新州放在南海地區的範圍之內。除了把廣東稱為"南海"外，也有稱為"嶺海"的，如清初廣東按察使張渠在其著作《粵東聞見錄》云："廣東之地，昔人嘗以嶺海兼稱。"清初廣東名僧剩人和尚函可在流放瀋陽後的《懷嶺南》詩中有"不知嶺海風波後，若個猶存若個亡"。所以，把帶"海"字作為廣東的別稱在古人是常有的。如這樣理解能成立的話，則六祖所言"移來南海"之"南海"與歷史上南海郡治廣州和今天的佛山南海無涉，而是指六祖父輩從外地遷來的移民，與 "父又早亡，老母孤遺" 並列而構成 "此身不幸"，即是說，父親死得早，孤兒寡母，又是從外地遷移來南海（廣東）的移民，所以很不幸。

根據上述的分析，如一定要確認六祖 3 歲後離開夏盧村而遷往的地方，只能是距夏盧村一公里路的龍山，因為只有龍山才有六祖慧能的故居，才有六祖慧能舍宅為寺之舉。此其一。其二，六祖只有在新興龍山居住才符合採樵賣柴的生活環境，才與王維筆下 "臭味於耕桑之侶"、"羶行於蠻貊之鄉"（《六祖能禪師碑》）的描述相合。

三、"別母石" 引出的疑問

慧能離開新州北上黃梅時，他的母親是否還在世？ "別母石" 來源於新州當地的民間傳說：慧能在金台寺賣柴聞經悟道，決意北上黃梅求法，其母和舅父勸而無果，便出難題，如慧能能拜開村前的大石，就讓他去。慧能立即跪拜，恰好行雷閃電，霹靂一聲把石頭劈開。其母等人見狀，覺得天意難違，只好同意慧能北上求法。於是人們就把這塊石稱為 "別母石"，至今仍存放在塱村別母亭中，成了一個旅遊景點。

緣 "別母石" 乃民間傳說，故未見於各版本《壇經》和禪宗燈史稗籍，僅在方誌類文獻中有記，如乾隆《新興縣志》卷十六《山川》有 "別母石"條云：

> 別母石，在仁豐都朗村，離城八里。時六祖求法，母送至
> 此作別，故名。唐建成寺時，其旁曰永寧寺。

《肇慶府志》也云：

> 永寧寺在縣南塱村旁。相傳為六祖辭母處。旁有辭母石。

　　方志所載，沒有民間傳說的故事情節，只説六祖母親送他去求法於此分別。如所記屬實，則"別母"一事是不爭的。然筆者覺得因"別母"而引出了一個似乎毋庸置疑卻又值得懷疑的問題：即慧能離開新州北上黃梅求法時，其母在世還是已去世？

　　所謂毋庸置疑的是慧能離新州北上時其母還在世，依據是：

　　1. 慧能在金台寺賣柴聞經開悟後，得到了安道誠的資助，於是回家安置好母親才辭母北上。宗寶本《壇經》云：

　　　　慧能聞説，宿業有緣，乃蒙一客，取銀十兩與慧能，令充老母衣糧，教便往黃梅參禮五祖。

　　而《祖堂集》記述更為詳細：

　　　　慧能聞説，宿業有緣。其時道誠勸慧能往黃梅山禮拜五祖，慧能報云："緣有老母家乏欠闕，如何拋母無人供給？"其道誠遂與慧能銀一百兩，以充老母衣糧，便令慧能往去禮拜五祖大師。慧能領得銀吩咐安排老母訖，便辭母親。

　　2. 前揭《新興縣志》釋"別母石"條説："時六祖求法，母送至此作別，故名。"

　　而讓人置疑的是慧能離新州北上時其母可能已不在人世。理由是：

　　1. 慧能是個極重孝道之人，他離家北上時，其母應約 60 歲（慧能父親於唐武德三年被流放到新州，其母婚嫁時應不會少於 18 歲，18 年後生慧能，慧能 24 歲離家北上，故此時其母約 60 歲），而慧能 3 歲時父親便辭世，孤兒寡母相依為命，靠打柴維持生計，家境相當貧乏，誠如宋贊寧《慧能傳》云："父既少失，母且寡居，家亦屢空，業無賸產。"面對年邁且不能自給的老母，慧能是不會忍心棄之不顧的，故安道誠勸他北上黃梅求法時，他直白地説："緣有老母家乏欠闕，如何拋母無人供給？"儘管安道誠資助他銀兩（有説是十兩，有説是一百兩），但能維持母親多久的生計，慧能應是有所考慮的。

2. 慧能在黃梅接衣缽後，遵五祖"逢懷則止，遇會則藏"之囑，於北上當年或次年初即已回到嶺南，在懷集四會一帶隱匿生活十五六年。在這十幾年間，慧能對母親似全無牽掛，因為稽之有關慧能的文獻資料，除了《法寶記》説慧能"恐畏人識，常隱山林，或在新州，或在韶州，十七年在俗，亦不説法"外（此説似不準確，因為慧能南遁後主要在懷會一帶），均未見慧能在此期間與家鄉有過聯繫的記錄，儘管懷集、四會距新州不遠（是不是六祖慧能真的看破紅塵，六根清淨，連親情也不顧呢？似不是，因為在六祖的思想中，報恩崇孝意識極為濃重，直到晚年還要回故鄉建報恩寺和報恩塔。退一步説，如六祖真的看破紅塵，但佛教大乘是講樂善好施、普度眾生的，不至於連老母也不聞不問吧。如真的是這樣，那六祖就不是中國佛教革命的旗手和領袖了）。如果説，這隱遁山林、與獵人為伍的生活，還是"恐畏人識"、為了躲避別人追殺而不敢回故里露面的話，那麼，當他來到廣州法性寺以風幡之辯而把六祖身份及祖傳衣缽大白於天下、備受善信們崇擁之後，榮歸故里探望老母應是無礙了，但六祖直到晚年"落葉歸根"才回到新州圓寂。從 24 歲北上黃梅至 76 歲回新州圓寂，半個世紀未踏足家門，如果他的老母真的在世或在此期間辭世，那是匪夷所思的。

3. 今國恩寺旁有六祖的父母合葬墓，前揭《新興縣志》卷十六《山川》云："盧氏墓在龍山，六祖盧慧能之祖父母及父母。唐神龍間賜額。"明言六祖的父母墓在龍山。關於墓地的選擇，傳説是一位風水先生為了回報慧能母子對其善待而提供（即所謂"要九代狀元還是萬代香煙"的傳説）。現在的問題是，誰為六祖合葬父母於此。如果慧能離新州北上黃梅前母親已辭世，則應是他所為；如果他北上後母親才去世，那麼不知是誰為他葬母了。有論者說六祖晚年回新州後才把母親墓與父親墓合在一起，然此說缺少歷史資料的支持。即使此說屬實，但誰為其葬母、其母原墓址在哪的問題還是無法圓說。

至於《曹溪大師別傳》所謂"慧能大師……少失父母，三歲而孤"則顯然有誤，不可能在 3 歲時母親也已去世了。

4. 也許會有人說，既然是"別母"，當然是其母還在世，才會有"母"而別。然中國的字詞含義卻是相當豐富和奇特的，就說"別母"，既可是與活生生的母親辭別，也可是與已入土的母親、甚至是衣冠塚而別。

據上述的對比分析，筆者以為慧能離新州北上黃梅求法時，其母可能已不在人世。

四、慧能接衣缽成為六祖後為甚麼要"止藏"懷會？

稽之《壇經》、禪宗燈史稗籍、慧能的傳記和相關方誌，均有慧能在四會一帶避難的記載，故學界對此向無分歧。現在的問題是，慧能為何在接受衣缽成為中國禪宗第六代祖師後要在四會一帶"藏"起來？對此，宗寶本《六祖壇經》似有明確的交代：

祖復曰："昔達摩大師初來此土，人未之信，故傳此衣，以為信體，代代相承。法則以心傳心，皆令自悟自解。自古佛佛惟傳本體，師師密付本心。衣為爭端，止汝勿傳！若傳此衣，命如懸絲。汝須速去，恐人害汝。"

慧能啟曰："向甚處去？"

祖云："逢懷則止，遇會則藏"。

又《祖堂集·第三十二祖弘忍和尚》曰：

師又告云："吾三年方入滅度，汝且莫行化，當損於汝。"行者云：

"當往何處避難？"師云："逢懷則止，遇會則藏。"又問："此衣傳不？"師云："後代之人，得道者恆河沙，今此信衣至汝則住。何以故？達摩大師付囑：此衣恐人不信而表聞法，豈在衣乎？若傳此衣，恐損於物，受此衣者命若懸絲。"

類似的表述還見於釋道元的《景德傳燈錄》、贊寧的《宋高僧傳》、釋普濟的《五燈會元》等其他相關的禪宗燈史和稗籍。這些文獻的解釋，傳遞着一個共同的信息：慧能之所以要在四會一帶隱藏避難，主要在於"衣缽"。本來，"衣缽"是達摩初來中土時用以取信徒眾的聖物，卻在代代傳承中，演變為祖師的最重要和最高的表徵。於是，教內各宗派、門別，為得到這一聖物（也可以說是爭祖位）而紛爭不已，得衣缽者反成了被加害的目標而"命如懸絲"。慧能接受了衣缽，在成為第六代祖師的同時，也成了"命如懸絲"者。出於對衣缽的保護，出於對慧能的保護，出於對弘揚禪法的期許，五祖弘忍在密授衣缽予慧能後，囑其速速離開黃梅逃回嶺南。可以說，躲避教內追殺是慧能"藏"四會的主要原因。

有學者認為，慧能父親盧行瑫是被流放到嶺南新州成為百姓的，故慧能乃流人之後，以他這樣的身份成為祖師為官府所不容。還有人說，慧能是弘忍門下私度沙門，這違背了政府的僧制或宗教政策。所以，慧能成祖後的逃遁隱藏，是為了躲避官府的追捕。這些說法有一定的道理，然缺少文獻資料的支持。

這裏還有一個問題，即五祖弘忍為何囑慧能"逢懷則止，遇會則藏"，而不是逢、遇其他地方則止、藏，此其一；其二，五祖所言之懷、會是否肯定就是懷集和四會。對此，至今仍未有一個較為合理的解釋。

五、慧能甚麼時候抵懷會，在懷會"藏"了多長時間？

要釐定慧能抵懷會的具體年份，有一個關鍵的問題要解決，這就是慧能何時往黃梅禮拜五祖弘忍。從文獻資料來看，有多種説法：

六祖的貼身法嗣、《壇經》輯錄者 —— 法海在《六祖大師法寶壇經略序》云："（慧能）既長，年二十有四，聞以悟道。往黃梅求印可，五祖器之；付法衣，令嗣祖位。時龍朔元年辛酉歲也。"這裏法海提供了兩個可以互證的日期：一是慧能 24 歲往黃梅；二是這一年是龍朔元年。按慧能於唐貞觀十二年（638）出生，即 1 歲，24 歲時應是公元 661 年。唐龍朔元年也是公元 661 年。故按法海的説法，慧能應是在 661 年往黃禮拜五祖。

《曹溪大師別傳》曰："其年，大師遊行至曹溪，與村人劉志略結義兄弟，時春秋三十。"按慧能出生年份推算，30 歲往黃梅應是公元 667 年。

《祖堂集・第三十二祖弘忍和尚》載："時有盧行者，年三十二，從嶺南來禮覲大師。"32 歲往黃梅應是公元 669 年。

《景德傳燈錄・第三十三祖慧能大師》謂："（慧能）直造黃梅之東禪，即唐咸亨二年也。"查唐咸亨二年即公元 671 年，也就是説慧能於是年抵黃梅。

此外，有些史籍沒有慧能往黃梅的具體年份，只是給出一個大概的時段。如贊寧《慧能傳》："咸亨中，往韶陽，遇劉志略。"王維《六祖能禪碑銘》："年若干，事黃梅忍大師。"《五燈會元》也云咸亨年間慧能往黃梅謁五祖。而各版本《壇經》只述慧能往黃梅一事，卻不涉往黃梅的時間。

那麼，慧能到底是哪一年往黃梅禮拜五祖呢？筆者贊同潘桂明先生在《中國禪宗思想歷程》的分析和看法（該書第 105-106 頁，今日中國出版社 1992 年），即慧能應在 24 歲、公元 661 年北上黃梅謁五祖。如果此説能成立，則慧能抵懷會的日期也可推算出來：

如果慧能在 661 年年初從新州出發，經一至兩個月的旅程（惠昕本和宗寶本《壇經》均謂"不經三十餘日"）抵黃梅，在東山寺約八個多月，接法後即南遁，旅程時間也約一至兩個月，則年底進入懷會；如果慧能在

661 年年底出發，則 662 年抵懷會。

至於慧能在懷會"藏"了多久？各種文獻史料記載差異較大。總的説有如下幾種説法：

1. 敦煌本《壇經》沒有明言慧能在四會"藏"了幾年，但因弘忍臨別時叮囑慧能"將法向南，三年勿弘"這一師訓，暗喻了慧能在四會"藏"了三年時間。

2.《祖堂集》云：慧能"既承衣法，遂辭慈容。後隱四會、懷集之間，首尾四年"。説慧能在懷會四年時間。

3. 惠昕本《壇經》載慧能"後至曹溪，被惡人尋逐，乃於四會縣避難，經五年，常在獵人中"。《曹溪大師別傳》也説慧能"於廣州四會、懷集兩縣界避難，經於五年，在獵師中"。即是説慧能在懷會一帶五年。

4. 契嵩本和宗寶本《壇經》則記為"慧能後至曹溪避，又被惡人尋逐。乃於四會，避難獵人隊伍，凡經一十五載"。即持慧能在四會十五年説。

5. 王維的《六祖能禪師碑》則説"禪師遂懷寶迷邦，銷聲異域……如此積十六載"。柳宗元的《曹溪第六祖賜謚大鑑禪師碑》也認為慧能"遁隱南海上，人無聞知，又十六年"。慧能貼身法嗣法海的《六祖大師法寶壇經略序》同樣説慧能"南歸隱遁一十六年"。即是説慧能在懷會一帶隱藏了一十六年。

6.《歷代法寶記》則持慧能在懷會一十七年説。

此外，今四會六祖寺住持大願法師認為慧能在懷集一年，在四會十五年。像這樣給出慧能分別在懷、會的具體時間還是不多見，但似乎也有其理由：一是宗寶本《壇經》明説慧能"乃於四會，避難獵人隊伍，凡經一十五載"。未説在懷集、四會十五年，其他文獻記載也以説於四會避難為主。二是"逢懷則止"之"止"字意為慧能到了懷集後停下來，不再往南；而"遇會則藏"的"藏"字才是慧能隱身之義。然比較當下懷集、四

會兩地，懷集冷坑上愛嶺有六祖巖，乃六祖當年棲隱之所，還有關於六祖
的其他遺址，而四會除了六祖庵外尚未見其他景點。

比較上述各說，筆者以為十五年或十六年較符合實際（事實上此兩
說可視為一說，因為充其量只相差慧能歲末抵懷會或次年初抵懷會的時
間），理由：縱觀慧能一生幾個大的紀年：638 年出生，24 歲北上黃梅接
法，39 歲法性寺剃度出家，弘法 37 年，76 歲圓寂，因而，在懷會一帶 15
年或 16 年與 24 歲接法至 39 歲出家是吻合的，此其一；其二，作為隨侍
慧能左右的法嗣 —— 法海的說法以及距慧能圓寂後不遠的大文豪王維和
柳宗元，以碑銘的形式來頌述慧能生平，應是較其他記載更為可信。

六、關於六祖慧能的祖籍問題。

關於六祖慧能的祖籍，學界一般認為是河北范陽縣（今河北涿州市），
其父盧行瑫因罪被貶嶺南，入籍新州。六祖在《壇經》述其經歷時云："慧
能嚴父，本貫范陽。"但敦煌本《壇經》所述"慧能慈父，本官范陽"。後
人在校注時將"官"改"貫"。其實，六祖父親曾在范陽當官，故"本官范
陽"可能無錯。據范陽盧氏祖地盧家濼（今盧家場）村《范陽堂大房宗譜》
載："盧行瑫歷官本州大中正、東宮少詹事，謫嶺南。"《六學僧傳》也
云盧行瑫："始官中朝，武德中以譖左遷為州司馬。"（見王大鋒：《有關
慧能幾點史實之辨正》，林有能、霍啟昌編《六祖慧能思想研究》二，香
港出版社 2003 年版）然而，類似的記載，其他稗籍鮮見。所以，"本官范
陽"與"本貫范陽"雖一字之差，卻可能有不同的含義，如是"本官范陽"
則可能指在范陽做官，不一定確指其原籍是范陽，如是"本貫范陽"則可
確定其原籍是范陽。第二，慧能是新州人，當地的方言中"官"與"貫"
的發音差別不大，當其口授他人記錄時，也有可能將兩字混淆。所以，關
於六祖慧能的籍貫問題就有不同的意見。王維《能禪師碑銘》在述其家世

時，只説：“禪師俗姓盧氏，某郡某縣人也。名是虛假，不生族姓之家；法無中邊，不居華夏之地。”未確指其祖籍為范陽，後有人在校注時把“某郡某縣”作“本貫范陽”。《曹溪大師別傳》則説：“慧能大師，俗姓盧氏，新州人也。”未言及范陽。更有學者認為，慧能祖籍范陽説乃六祖弟子神會編造的結果，而他所以要這樣做，主因是六祖慧能出身於社會底層，與作為禪宗祖師之地位不相稱，於是便編造盧慧能乃范陽盧氏之後，而范陽盧氏乃三國大儒盧植之故里，即是説，六祖慧能是名門之後了。而清乾隆《新興縣志》卷十六《山川》説：“六祖故居，在仁豐都下盧村，離村二十五里，去龍山國恩寺前一里。唐索盧縣地。為六祖生身之所。師祖、父初來居此。”“盧氏墓在龍山，六祖盧慧能之祖父母及父母。唐神龍間賜額。”明言六祖的祖父母在夏盧村居住，其墓也在龍山，這就否定了慧能祖籍范陽説了。但當下的學、佛兩界持六祖慧能祖籍河北范陽説還是佔主流。

七、六祖慧能的父親為何落籍新州？

六祖慧能父親盧行瑫何故和怎樣落籍新州的？對此，文獻記載似有多種解釋，王承文先生在《六祖惠能早年與唐初嶺南新州》（見《六祖慧能思想研究 ——“慧能與嶺南文化”國際學術研討會文集》）一文中對此有較為詳細的分析，他歸納為如下幾種説法：一是因來新州做官而入籍新州；二是因犯了罪而被貶到新州降級做官；三是因犯了罪而被流放到新州。

許多學者認為，這三種説法，第三種可能性最大，因為從慧能出生至離開家鄉北上黃梅學法，二十幾年，他家裏都非常貧窮，如果他父親是來新州做官，則不至於那樣艱辛。但不管三種説法孰是孰非，有一點似乎是不爭的，即慧能父親從河北范陽到了新州入籍。

八、六祖到底是認不認字，是不是文盲？

關於這個問題，如果按照現有相關文獻記載來看，慧能是沒有讀過書，是文盲，在《壇經》中，慧能也在多處親口說不認字。但是不少人對此持有懷疑，認為這是不可能的事，佛經本來是很深奧的東西，連字都不認得怎麼可以講，這不是很矛盾嗎？持這一看法的理由是：1. 六祖慧能祖籍是河北范陽盧氏，是東漢大學問家盧植的後裔，他父親是當官的，是有文化之人，所以慧能基因很好，讀書人的後代，並不是嶺南南蠻後人，他父親雖然去世得早，也可能教他一些字。2. 現國恩寺是他的故居，按這樣的規模，在唐代實際上是一個大的莊園，擁有這樣大莊園的應該是有錢人家，如果是有錢人家怎麼可能不讓小孩讀書呢？3. 六祖的孝、報恩的思想很重，這完全是儒家的東西，如果沒有受到儒學的教育怎麼可能會有這樣的思想呢？所以，慧能應該受過教育，不是文盲。

有些人則認為，慧能可能接受過教育，認得一些字，但總的說文化程度不高。

我以為，慧能三歲父親就去世，上學唸書似不可能，但完全一字不識也不可能。他父親是個文化人，雖然早逝，但也有可能教慧能認一些字，就慧能本身而言，按佛家說是個大智慧，按俗家說是個天才，且勤奮好學，即使沒進過學堂，平時所接觸的人、物、事都可以是他學習的途徑，他在《壇經》中多處親口說不識字，一是指他沒進過學堂，沒唸過書，所以不識字，二也有自謙的成分。